삶의 안내자, 인과 철학

4차 산업혁명과 인과 모형 이론

NANAM
나남출판

포스텍 융합문명연구원
문명과 담론 총서 09

삶의 안내자, 인과 철학

4차 산업혁명과 인과 모형 이론

2022년 2월 28일 발행
2022년 2월 28일 1쇄

지은이 김준성
발행자 조완희
발행처 나남출판사
주소 10881 경기도 파주시 회동길 193, 4층(문발동)
전화 (031) 955-4601(代)
FAX (031) 955-4555
등록 제 406-2020-000055호(2020.5.15)
홈페이지 http://www.nanam.net
전자우편 post@nanam.net

ISBN 979-11-92275-01-7
ISBN 979-11-971279-4-6 (세트)

책값은 뒤표지에 있습니다.

포스텍 융합문명연구원 문명과 담론 총서 09

삶의 안내자, 인과 철학

4차 산업혁명과 인과 모형 이론

김준성 지음

NANAM
나남출판

The Philosophy of Causality as the Very Guide of Life

4th Industrial Revolution and Causal Model Theories

by

Joonsung Kim

NANAM

들어가는 말

인과의 르네상스

현대를 대표하는 지성 중 한 명인 러셀B. Russell의 전문 영역을 단 하나로 규정할 수는 없다. 러셀은 철학자이고 논리학자이며 수학자이다. 또한 사회운동가이고 저술가이다. 이 모든 영역에 '저명한'이란 수식어가 붙는다. 인류의 지성사에서 뛰어난 통찰력을 보였던 철학자들이 그러하였듯이, 러셀도 '인과因果'에 대한 논의를 하였다(Russell, 1912). 그런데 인과에 대한 러셀의 주장은 매우 놀랍다. 인과에 대한 해명이 쉽지 않다는 것에 대해선 다른 학자들의 생각과 다르지 않았다. 러셀은 그 사실로부터 인과 법칙을 현재 일부 국가에 유산처럼 잔존하는 왕정에 비유한다. 러셀은 물리학에서 원인을 더 이상 탐구하지 않는 것은 원인이라는 것이 없기 때문이라고 한다. 통계학자나 통계를 이용하는 연구자들 중에도 러셀과 비슷한 생각을 가진 학자들이 있었다. 오늘날 빅데이터Big Data의 중요성을 강조하는 사람들 중에도 러셀처럼 주장하는 연구자들이 있다. 경험과학자에게는 인과에 대한 연구가 철학자만이 탐닉하는 찻잔 속의 폭풍과 같은 냉소의 대상일 수도 있다. 진리를 탐구하는 수많은 학문 분야의 학자들에게 진리가 무엇인지를 물으면 '그것은 너무 난해한 문제이니 철학에 물어보라'라는 태도와 같은 맥락일 것이다.

철학에서 논의하는 개념들이 허황된 것으로, 그 논의가 일종의 허세로 보일 수도 있다. 인과 개념도 그중 하나일 수 있다. 그러나 러셀이나 그와 같은 생각을 가진 사람들 모두 틀렸다. 인과는 지금까지 우리의 삶과 죽음을 안내하는 중요한 개념이었고, 앞으로도 그럴 것이다.

이 책의 목적은, 인과에 대한 냉소적 평가와 반대로 인과가 우리의 삶에 얼마나 중요한 개념인지를 널리 알리는 것이다. 저자는 그 목적을 위해 인과의 문제와 그 문제를 해결하기 위한 철학, 그리고 철학에 토대한 컴퓨터과학과 통계학의 성과를 소개할 것이다. 1980년대 후반 이후 불확실성 추론에 토대한 인공지능 알고리즘을 연구하는 학자들, 그리고 인과 추론을 위한 컴퓨터 알고리즘을 연구하는 학자들은 서로의 연구를 공조하면서 인과에 대한 철학적 논의와 이론을 적극적으로 연구하고 응용하였다. 다른 한편으로, 과학철학자들은 통계학 등 경험과학의 인과에 대한 연구 성과를 철학적 연구에 응용하였다. 새로운 밀레니엄의 시작 이후 이들 모든 연구는 서로 소통하면서 인과 연구에 대한 새로운 패러다임을 형성하기 시작하였다. 기계학습 인공지능의 혁신과 빅데이터의 응용은 인과의 새로운 패러다임을 확장하는 토대가 되었다. 저자는 이러한 인과의 새로운 패러다임을 '인과 르네상스Renaissance'라 부르겠다. 저자의 이 책이 인과 르네상스에 대한 프로파간다propaganda가 되기를 바란다.

이 책에서 저자의 주요 논의는 캘리포니아대UCLA 컴퓨터공학과의 퍼얼J. Pearl 교수와 카네기멜론대CMU 철학과의 스피츠P. Spirtes, 글리모어C. Glymour, 샤이네스R. Scheines 교수의 인과 모형 이론에 토대한다. 이들의 인과 모형 이론은 통계학의 인과 추론 이론에, 인과에 대한 철학적 이론을 응용한 융합형 인과 이론이다. 인과 모형에 대한 이들의 연구는 국내외 교육 현장에서 지향하는 학제 간 융합의 모범 사례이다. 인과 모형에 대한 연구는 사회과학, 자연과학, 컴퓨터과학뿐 아니라 법학, 윤리학 등 인과 개념이 유의미한 역할을 하는 모든 영역에 도움을 줄 것이다. 인과를 탐구하는 연구자들뿐 아니라 인과에 관심을 갖는 사람들이 문제를 해결하는 데에 이 책의 내용이 기여할 수 있기를 기대한다.

이 책은 2008년 출간한 저자의 첫 번째 저서《확률과 인과》이후 인과에 대한 두 번째 저서이다. 지난 저서에서는 인과에 대한 확률 이론을 논의하였다. 이번 저서에서는 2000년을 기준으로 현재까지 크게 발전한 인과 모형 이론을 소개하는 데에 중점을 두었다. 또한, 인과 모형 이론이 4차 산업혁명을 대표하는 기계학습 인공지능과 빅데이터에 어떻게 응용될 수 있는지를 논의하였다. 이 책의 2~6장은 최근 5년간 발표한 저자의 인과에 대한 연구논문들에 토대하여 확장한 것이고 7, 8장의 주제는 이 책에서 처음 논의하는 것이다. 이 책은 인과 연구에 관한 학술서이지만 동시에 일반 독자를 위한 안내서이기도 하다. 따라서 논리학과 수학의 기호나 개념, 철학과 통계학의 개념 등 전문적인 내용은 가능한 한 최소화하고, 누구든지 쉽게 이해할 수 있게 풀어 쓰고자 노력하였다. 그러나 여전히 미흡하다. 이 책에 독자가 이해하기 어려운 내용이 있다면 그것은 모두 저자의 부족한 능력 때문이다.

이 책의 발간은 2020년 제1회 포스텍 융합문명연구원 '문명과 담론' 총서 사업의 지원으로 이루어졌다. 이번 저술을 지원해 준 포스텍 융합문명연구원, 송호근 원장님 그리고 모든 관계자 분들께 진심으로 감사를 드린다. 특별히 고우련 선생님의 안내와 배려에 감사 인사를 올린다. 또한 나남출판 편집부 민광호 부장과 이현오 편집자의 세심한 검토와 교정으로 저자의 원고가 책으로 거듭날 수 있었다. 2017~2020년 한국연구재단의 중견연구자 지원 사업도 이번 저술의 밑거름이 되었다. 명지대에서 저자에게 지원해 준 연구년은 저술에 집중할 수 있는 귀한 시간이 되었다. 코로나 바이러스COVID-19로 매우 어려운 상황인데 저자를 애리조나주립대ASU SILC의 방문학자로 초청하여 연구의 기회를 주신 오영균 교수님과 버만Nina Berman 교수님께도 감사 인사를 올린다.

무엇보다도 늘 저자의 게으름을 경계하게 하고 저술에 대한 책임감을 일깨워 준 아내 우윤선에게 감사한다.

2022년 1월 14일

애리조나 챈들러에서

김 준 성

차 례

1장

4차 산업혁명에서 인과의 역할

인과, 왜 삶의 안내자인가?

일상에서 인과, 또는 인과관계라는 원인과 결과의 관계를 가장 잘 보여주는 표현은 '아니 땐 굴뚝에 연기가 날까?'일 것이다. 굴뚝에 연기가 난다는 것은 당연히 불을 피웠기 때문이고, 따라서 불을 피운 것이 원인이고 연기가 나는 것은 결과이다. 실제로 일상의 모든 사건에 대해서 우리는 인과를 말한다고 할 수 있다. 뉴스에서 사건들을 보도할 때 인과를 언급하지 않는 경우는 거의 없다. 코로나 바이러스의 발생과 그 결과, 경제의 변화에 따른 주식시장의 변동, 음주운전에 따른 교통사고의 증가, 지구 온난화에 따른 기후의 급변, 나의 행위의 결과에 대하여 책임을 져야 하는 의무 등 우리가 경험하는 모든 것은 인과와 관련된다고 말할 수 있다. 우리가 인과 개념에 대해 배우지 않았어도 삶의 경험으로 모든 사건에서 인과를 언급한다. 우리가 삶에서 부딪히는 사람들 간의 갈등 등 다양한 관계와, 환경(자연, 세계)에서 부딪히는 다양한 경험의 바탕에 인과가 있음도 분명하다. 우리 각자는 현재의 모습을 과거의 삶의 결과로 볼 수 있고, 현재의 삶의 방식을 미래의 모습의 원인으로 예상할 수도 있다.

이처럼 우리가 공기를 호흡하듯 자연스러운 것이 인과에 대한 경험이다. 그런데 인과에 도대체 어떤 특별한 문제가 있는 것인지, 그 문제가 왜 중요한지 의문을 갖는 것 또한 당연하다. 인과가 문제로 논의되는 것은 인과의 관계 때문이다. 이 세상에는 수많은 관계가 있다. 부모와 자식의 관계, 국가와 국민의 관계, 친구 관계, 채무자와 채권자의 관계, 수학적 관계, 논리적 관계, 법칙적 관계, 통계적 관계 등 관계는 참으로 다양하다. 다양한 학문의 연구들이 해당 분야의 다양한 관계에 대해 탐구한다. 일상에서도 우리는 다양한 관계에 대해 고민하고, 관계에 대한 문제를 해결하고자 한다. 그런데 인과를 일상에서 호흡하는 것처럼 자연스럽게 생각하는 우리에게, 인과의 관계가 그처럼 탐구나 문제 해결의 대상이 되는 것은 의아할 수 있다.

철학의 모든 문제는 우리가 당연하다고 받아들이는 것에 대한 의심에서 시작한다. 많은 학문들이 지식을 탐구하지만 '지식' 자체가 무엇인지 묻지는 않는다. 진리를 추구하고 존재자에 대해 연구하지만 '진리'가 무엇이고, '존재자'의 의미가 무엇인지는 묻지 않는다. 메타과학meta-science으로서 철학은 바로 '지식', '진리', '존재자' 그 개념 자체에 대하여 질문하는 학문이다.

철학자 흄D. Hume은 그와 같은 맥락에서 '인과' 자체에 대해 의문을 제기하였다(Hume, 2003〔1739〕; 2018〔1748〕). 일상에서 우리가 실제로 경험하는 것은 원인이라 부르는 사건과 결과라 부르는 사건이며, 이들 사건의 연결을 볼 수는 없다. 그런데 원인과 결과의 필연적 연결necessary connection 개념을 어떻게 확신할 수 있는가? 이것이 흄이 인과에 대해 제기한 문제였다. 흄은 인과의 필연적 연결을 불가해한 것으로 보았다.

흄은 이 문제에 대해 상식 수준의 답을 다음과 같이 제시한다. 원인 X에서 결과 Y로의 필연적 연결은 X와 Y와 유사한 사건들의 반복에 대한 우리의 경험에서 추론된 것이다. 다시 말해, 규칙적으로 반복되는 유사한 사건들로부터 습관을 통하여 인과의 필연적 연결을 이끌어 내는 것이다. 여기서 흄이 말하는 추론은 귀납적 추론이다. 귀납적 추론은 현재까지 알려진 정보에서 아직 경험하지 않은 미래에 대한 새로운 정보를 말할 수 있게 한다. 인과의 필연적 연결에 대한 흄의 해명은, 문제를 해결하였기보다는 인과가 도대체 왜 문제인지를 더 분명하게 해주었다. 필연적 연결은 추론된 관계일 뿐이다. 따라서 우리는 그 연결이 실재하는지 여부에 대해서만이 아니라, 우리가 확인한 인과적 연결이 참인 인과의 관계인지에 대해 여전히 의구심을 가질 수 있다.

인과 연결의 필연성에 대한 문제는 단순히 철학적 문제만은 아니다. 오늘날 통계 자료와 이들의 상관관계에서 인과관계를 추론하려는 통계학이나 통계를 응용하는 경험과학에서 지속된 핵심 문제이기도 하다. 분명히 현상은 있는데, 그 현상의 실재성을 파악하기 어려운 인과를 어떻게 해명할 수 있는가?

사례를 통해 유비적으로 이 질문을 더 쉽게 이해할 수 있다. 우리는 시간에 따라 생활한다. 시간은 분명히 우리의 일상을 지배하고 있다. 그러나 '시간' 자체를 실제로 가리킬 수는 없다. 어떤 사건이나 변화하는 현상을 통해 시간을 말할 수 있을 뿐이다. 마찬가지로 우리는 물리적 힘이 초래하는 사건을 헤아릴 수 없이 많이 경험한다. 그러나 '힘' 자체를 실제로 가리킬 수는 없다. 또한 우리의 의지는 많은 것을 실현하지만, '의지'라는 정신 현상을 실제로 가리킬 수는 없다.

이들 사례에서 볼 수 있듯이, 경험이나 직관으로 실재성을 파악하기 어려운 어떤 A에 대해 그것의 실재성을 파악하려면, A에 관하여 알거나 경험한 여러 속성을 검토하여 이 속성들로 A를 다시 구성하는 방법을 택할 수 있다. 이는 흄이 이미 보여주었던 방법이다. 인과의 속성들 각각을 검토하고, 그것들을 인과에 대한 실재성으로 다시 구성할 수 있다. 인과에 대한 주요 철학적 이론들은, 인과의 특별한 속성을 우리 모두가 받아들일 수 있는 객관적이고 논리적인 개념으로 다시 구성하거나 해명하려는 시도이다.

이 장에서는 우선 인과를 두 가지 수준으로 구분하여 인과의 특성을 소개하겠다. 다음 2장에서는 인과에 대한 철학적 이론들을 검토하면서 인과와 인과관계에 관한 속성을 어떻게 해명하는지, 그리고 문제는 어떻게 해결하는지에 대해 소개하겠다. 이들 이론으로 인과의 실재성에 더 접근할 수 있을 것이다.

1. 속성 수준의 인과와 사건 수준의 인과

우리는 인터넷 등에서 다양한 뉴스를 통하여 여러 사건에 대해 알게 된다. 이들 중 과학 실험이나 과학적 현상에 대한 관찰과 그 결과에 대한 뉴스는 많다. 예를 들어 커피가 건강에 이롭거나 해롭다는 뉴스, 흡연이나 음주가 질병의 주된 요인이라는 뉴스, 스트레스가 암을 유발한다는 뉴스 등 매우 다양하다. 그중 흡연이 건강에 해롭다는 뉴스를 보자.

담뱃갑에는 흡연이 건강에 얼마나 유해한지를 보여주는 사진이나 문구가 있다. 그러나 많은 흡연자들은 개의치 않고 흡연을 즐긴다. 또한 일부 흡연자들은 흡연의 유해성에 예외가 있음을 강조한다. 중국을 개혁한 등소평鄧小平은 평생에 걸쳐 엄청난 애연가였지만 건강하게 장수하였다. 그러나 다른 한편으로, 젊은 시절부터 꾸준히 흡연을 하였던 한 중년 남성은 폐암이 발병하여 많은 고통을 받으며 고생하였다. 이러한 사실들을 바탕으로 흡연이 폐암의 원인인지 그렇지 않은지를 판단하기는 어려운 것처럼 보인다. 과학의 가설이나 그 가설에 대한 실험의 결과와 일치하지 않는 개별 사례의 결과에 대해 어떻게 판단해야 하는가? 흡연은 폐암의 원인인가, 아닌가?

인과를 두 가지 수준으로 구분하는 것은 이러한 질문들에 대한 답을 찾을 단서를 준다.

전 세계적으로 흡연의 해악에 대한 책임을 묻는 많은 소송에서 담배 회사가 패소하는 판결이 나왔다. 그러나 놀랍게도 우리나라에서는 2014년에 확정된 대법원 판결, 그리고 가장 최근에 나온 판결 모두에서 담배 회사가 승소하였다. 이들 판결의 근거 중 가장 주목할 만한 것은 인과에 두 가지 구분된 수준이 있다는 것이다. 인과의 두 가지 수준이란 무엇인가? 인과에 대한 두 가지 주장을 보자.

- 흡연은 폐암의 원인이다.
- 갑돌이의 흡연이 그의 폐암을 초래하였다.

첫 번째 주장은 흡연 요인과 폐암 요인의 관계로, 집단 · 요인 · 속성 수준의 인과이다. 두 번째 주장은 갑돌이의 흡연 사건과 그의 폐암 사건의 관계로, 개별자 · 사건 수준의 인과이다. 집단 수준의 인과는 흡연이 폐암에 대해 갖는 원인 성향을 가리킨다. 개별자 수준의 인과는 갑돌이의 흡연 사건이 실제로 그의 폐암 사건의 원인이 된 것을 가리킨다. 이 두 수준의 인과는 놀랍게도 한편으로 서로 무관하고, 다른 한편으로는 서로 연관된다.

집단 수준의 인과는 한 요인이 또 다른 요인에 대해 갖는 원인 성향이다. 성향이란 실현된 것이 아니라 잠재성, 또는 실현될 가능성을 가리킨다. 예를 들어 지금 내 손에 소금이 있다고 해보자. 이 소금은 물에 녹지 않은 상태이지만, 물에 들어가면 녹는 '성향'을 갖고 있는 것이다. 이와 같이 흡연 요인은 폐암 요인의 원인이 될 성향을 갖고 있다. 물론 흡연 요인이 항상 폐암 요인의 원인인 것은 아니다. 어떤 조건하에 흡연 요인이 주어질 경우, 폐암이 발병할 가능성이 흡연을 하지 않는 경우보다는 높을 것이다.

그런데 집단 수준에서 흡연이 폐암의 원인이 될 성향이 있어도, 개별자 수준에서는 갑돌이가 흡연을 하고 폐암에 걸렸지만 흡연이 그의 폐암의 원인은 아닐 수 있다. 갑돌이의 폐암의 원인은 대기오염이나 스트레스가 될 수 있다. 갑돌이의 흡연과 그의 폐암 모두 실현된 사건이어도, 두 사건 간에 인과관계가 없는 것이 가능하다.

형이상학이나 존재론은 세계가 있는 방식에 대해 탐구하는 분야이다. 형이상학적 관점에서, 집단 수준의 인과는 개별자 수준의 인과로부터 독립적이다. 예를 들어 이 세상에 담배가 모두 사라지고, 따라서 흡연 때문에 폐암에 걸리는 경우가 없다고 가정하자. 그 경우에 흡연이 폐암에 대해 갖는 원인 성향이 없다고 말할 수는 없다(Eells & Sober, 1983). 마찬가지로, 이 세상에 있는 모든 소금이 물에 들어가는 경우가 없어서 소금이 물에 녹는 상황이 발생하지 않는다고 가정해 보자. 이 경우에 소금이 물에 녹는 성향이 없다고 말할 수는 없다.

인과의 두 수준은 개념적으로, 또는 논리적으로 서로 독립적인 관계가 된다. 한 수준의 인과 주장이 참이지만, 다른 한 수준의 주장은 거짓이 될 수 있다. 앞서 보았듯이, 집단 수준 인과에 대한 주장이 참이라도, 개별자 수준 인과에 대한 주장은 거짓이 될 수 있다. 반대로, 개별자 수준 인과에 대한 주장이 참이어도, 집단 수준 인과에 대한 주장은 거짓이 될 수 있다. 예를 들어 골프 코스의 그린green 위에서 철수가 퍼팅을 하였고 공은 홀컵에서 벗어난 방향으로 구르고 있었다. 그런데 갑자기 다람쥐가 튀어나와 구르는 공과 부딪쳤고, 공은 홀컵으로 들어갔다. 다람쥐가 철수의 공과 충돌한 사건은 공이 홀컵으로 들어간 사건을 초래하였다. 그러나 일반적으로 다람쥐의 충돌이란 요인이 공이 홀컵으로 들어가게 할 필연적 성향을 갖는다고 말하지는 않을 것이다. 이 경우에 개별자 수준의 인과에 대한 주장이 참이지만, 집단 수준의 인과에 대한 주장은 참이 아니다(Eells, 1991).

다른 한편으로, 두 수준의 인과는 서로 관련이 있기도 하다. 인과에 대한 흄의 주장에서 보았듯이, 사건 수준의 인과 사례들을 일반화하여 집단 수준의 인과 주장을 추론할 수 있다. 이처럼 발견의 관점에서 두 수준의 인과는 관련이 있다. 그러나 개념적 관점과 형이상학적 관점에서 두 수준의 인과는 서로 독립적이다. 흡연의 유해성에 대한 소송에서 법원의 판결이 담배 회사의 손을 들어 준 이유 중 하나는, 두 수준의 인과가 개념적 관점과 형이상학적 관점에서 서로 독립적임을 근거로 삼은 것이다. 법원은 흡연과 폐암의 역학적 관계는 인정하지만 소송 당사자들의 개별 사례에 대해서는 인과관계를 인정하지 않았다.

인과의 두 수준에 따라 인과에 대한 문제들도 두 수준으로 구분된다. 이 문제들을 해결하는 데에 각 수준에서의 인과 이론이 필요한 것을 예상할 수 있다. 다음 절에서는 우선 두 수준에 공통된 인과의 문제와, 각 수준에서 인과의 문제가 무엇인지를 보겠다. 다음으로, 이들 인과의 문제가 4차 산업혁명의 엔진과 연료로 비유되는 인공지능과 빅데이터와 관련하여 어떤 의미와 중요성을 갖는지를 보겠다.

2. 인과에 대한 문제들

인과를 이해하는 데에 도움이 되는 방법 중 하나는, 우리가 경험하는 인과의 문제들이 무엇인지를 파악하는 것이다. 인과의 주요 문제들을 면밀히 살펴보는 것으로 인과에 대한 우리의 이해를 높일 수 있다. 다음의 주요 문제 여섯 가지를 차례로 살펴보자.

1) 수많은 원인들 중 '그 원인'을 판명하는 문제

인과의 가장 기본이 되고 핵심이 되는 문제는 원인을 판명하는 것이다. 결과의 원인에 대한 판명은 바로 인과에 대한 최선의 해명이 될 수 있다. 그런데 결과의 그 원인the cause을 판명하기는 생각보다 쉽지 않다. 여러 이유가 있다. 가장 큰 이유는 결과에 원인으로서 영향을 주는 요인들이나 사건들이 사실상 하나가 아니라 다수라는 데에 있다.

폐암을 초래하는 요인들은 흡연뿐 아니라 대기오염, 스트레스, 유전자 등 다양하다. 갑돌이가 폐암에 걸리는 사건에 대해서도, 여기에 영향을 주는 사건들은 다양하다. 다양한 요인들이나 다양한 사건들이 결과에 영향을 주는 상황에서 결과의 그 원인을 판단하거나 밝히는 것은 쉽지 않다. 폐암에 영향을 주는 다수의 요인들 가운데 흡연을 바로 그 원인으로 어떻게 판명할 수 있는가? 갑돌이의 폐암을 초래한 여러 원인 사건 가운데, 갑돌이의 흡연을 바로 그 원인으로 어떻게 판명할 수 있는가? 이 문제를 해결하기 위한 여러 인과 이론이 제시되어 왔다. 다음 2장에서 이 이론들에 대해 살펴보겠다.

2) 이행적 인과관계를 판명하는 문제

우리의 일상에서 이행적인transitive 관계는 다양하고 일반적이다. 이행적 관계의 구조는 다음과 같다. 'A이면 B이다. B이면 C이다. 따라서 A이면 C이다.' 수의 관계에서 이행성의 예를 보자. 2는 1보다 크다. 3은 2보다 크다. 따라서 3은 1보다 크다. 논리적 관계에서 이행성의 예를 보자. 철수가 부산에 산다면 철수는 한국에 산다. 철수가 한국에 산다면 철수는 아시아에 산다. 따라서 철수가 부산에 산다면 철수는 아시아에 산다.

이행적인 관계는 자연스럽고 당연한 관계처럼 나타난다. 그러나 모든 이행적인 관계에서 이행성이 항상 보장되는 것은 아니다. 다음 예를 보자. 갑돌이는 중식보다 양식을 좋아한다. 갑돌이는 양식보다 한식을 좋아한다. 그러나 갑돌이가 중식보다 한식을 좋아한다고 말할 수는 없다. 우리의 선호와 관련하여 이행성이 반드시 유지되지는 않는다.

집단 수준의 인과에서 이행적 관계를 보자. 당을 과도하게 섭취하는 것은 췌장 기능에 장애를 일으킨다. 췌장 기능에 발생한 장애는 당뇨병을 초래한다. 따라서 당을 과도하게 섭취하는 것은 당뇨병의 원인이 된다. 이런 경우에 인과의 이행성은 유지된다. 그러나 다음 경우를 보자. 여름의 홍수는 숲을 무성하게 하였다. 숲의 무성함은 산불을 확산시켰다. 그러나 여름의 홍수가 반드시 산불 확산의 원인이라 말할 수는 없다. 이 경우, 인과의 이행성은 유지되지 않는다.

확률의 관계들 중 마르코프A. Markov 조건에 따른 관계를 보자. A → B → C로 이루어진 변수variable의 연결이 있다. 변수

A와 변수 C의 사이에 있는 변수 B는 변수 C의 원인이다. 변수 A는 변수 B의 원인이다. 따라서 변수 A가 변수 C의 원인이면, 그 연결은 이행적이다. 그런데 마르코프 조건에 따르면, B는 C를 A로부터 확률적으로 독립된 것으로 만든다. B가 주어질 때 C의 확률은, A와 B가 모두 주어질 때 C의 확률과 같다. 다시 말해 B가 주어졌을 때의 C의 확률이 있을 때, B에 A가 추가로 주어져도 C의 확률에 변화를 주지 못한다. 확률의 관계는 이행적이지 않다. 인과의 연결을 확률의 관계로 해명한다면, 마르코프 조건을 전제하면서 인과의 이행성을 어떻게 보여줄 수 있는지는 문제로 남는다(Eells & Sober, 1983).

사건 수준의 인과에서 이행적 관계를 보자. 갑돌이가 돌을 던져서 돌은 허공을 통과하였다. 허공을 통과한 돌은 유리창을 깨뜨렸다. 따라서 갑돌이가 돌을 던진 사건은 유리창을 깨뜨리는 사건을 초래하였다. 인과의 이행성이 유지된다. 다음 경우를 보자. 철수는 자신의 오른손으로 로켓의 발사 버튼을 누르고자 하였다. 그러나 개가 철수의 오른손을 물었고, 철수는 왼손으로 로켓의 발사 버튼을 눌렀다. 발사된 로켓은 목표물을 타격하였다. 개가 철수의 오른손을 물은 사건이, 발사된 로켓이 목표물을 타격한 원인이라고 말할 수 있는가?(McDermott, 1995) 그렇게 볼 수는 없을 것이다. 인과의 이행성이 유지되지 않는다.

앞서 보았듯이 인과의 이행성은 항상 유지되는 것이 아니다. 그렇다면 인과가 이행적인 경우에 그 이행성을 어떻게 보여줄 수 있는지는 문제로 남는다.

3) 허위 상관과 인과를 구별하는 문제: 은닉 요인과 집단의 역할

통계학 입문서를 보면 책의 도입부에 자주 눈에 띄는 문장이 있다. '통계적 상관관계와 인과관계는 다르며, 통계적 상관관계에서 인과관계를 찾는 것이 통계학의 목적 중 하나'라는 내용이다. 통계적 상관관계는 다양한 유형이 있으며, 그 관계에서 인과관계를 찾는 것은 단순하지 않다. 그 복잡함을 이해하기 위하여 한 가지 유명한 사례를 보자(Eells, 1991).

캘리포니아대UC Berkeley의 입학전형에서 남녀 차별이 있었다는 문제가 제기되었다. 대학본부는 진상조사위원회를 구성하여 조사를 시작하였고, 남녀 차별은 없었다고 발표하였다. 그 발표의 근거는 다음과 같다. 전체 학생 수만을 보았을 때

여자보다 남자가 더 많이 입학한 것은 사실이다. 그러나 학과별로 입학생을 보았을 때 남녀 차별이 있었다고 볼 수 없다. 많은 학과에서 입학생 수를 보면, 남학생 수가 여학생 수보다는 다소 많았다. 그러나 각 학과에서 남학생 지원자 중 합격한 비율과 여학생 지원자 중 합격한 비율을 비교하였을 때, 이들 비율에서는 차이가 없었다. 그렇다면 전체 학생 수에서 어떻게 여자보다 남자가 더 많이 입학한 것인가?

그 답은 남녀 지원자 학생들이 학과에 지원하는 성향에서의 큰 차이에 있었다. 남학생들은 경쟁률이 낮은 학과에 많이 지원하는 성향을 보였다. 반면에, 여학생들은 경쟁률이 높은 학과에 많이 지원하는 성향을 보였다. 따라서 경쟁률이 높은 학과에 많이 지원하는 성향을 보였던 여학생들의 불합격 비율이 그렇지 않았던 남학생들의 불합격 비율보다 높았던 것이다. 남녀 지원자 학생들이 보였던 성향은 숨겨진, 또는 은닉 요인(변수)이다. 원인으로 추정된 요인이나 결과로 추정되는 요인에 영향을 주거나 또는 이들 모두에 영향을 주는 은닉 요인을 고려하지 않는다면, 어떤 결과가 초래될지를 잘 보여주는 사례이다(〈그림 1-1〉 참고).

캘리포니아대의 입학 사례에서 보았듯이, 집단 전체에 대

〈그림 1-1〉 은닉 요인(변수)의 사례

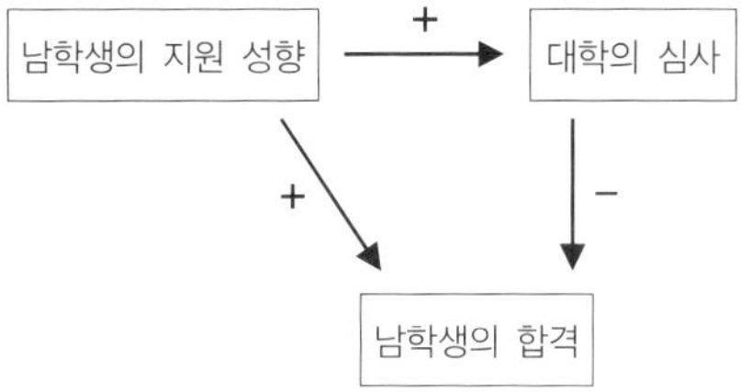

→: 원인의 영향과 인과 방향
+: 긍정 원인 효과 −: 부정 원인 효과

한 통계적 상관관계는 전체의 부분을 이루는 집단의 통계적 상관관계와 다르다. 또한 집단 전체에서의 원인의 성향은 부분 집단에서의 원인의 성향과 다르다. 이런 두 상관관계의 차이가 바로 심슨 역설Simpson paradox이다. 심슨 역설은 통계적 상관관계에서 인과 구조를 어떻게 해명해야 하는지에 대한 과제와 단서를 준다.

4) 인과 상호작용의 문제: 혼재 요인에 따른 원인의 다중 효과

심슨 역설에는 여러 유형이 있고, 이 역설의 발생에 다양한 이유가 있다. 가장 주목해야 할 이유로는 인과 상호작용을 일으키는 인과 상호작용자interactive factors, 또는 혼재confounding 요인

(변수)이 있다. 심슨 역설의 한 유형을 보자(Hesslow, 1976).

모 제약회사에서 피임약을 개발하였는데 부작용이 발생하였다. 피임약은 여성들에게 혈전증을 초래한다. 다른 한편으로, 임신도 여성들에게 혈전증을 초래한다는 연구 결과가 나왔다. 그렇다면 두 가지 상반된 인과 경로가 형성된다. 첫 번째 경로를 따르면, 피임약 복용은 혈전증을 초래하는 요인이다. 그러나 두 번째 경로를 따르면, 피임약 복용은 여성들의 임신을 억제하므로 임신으로 인한 혈전증의 발생 비율을 낮추게 된다.

이들 상반된 두 경로를 결합하여 피임약의 원인 효과를 평가하자. 각 인과 경로의 강도에 따라 피임약 복용이 혈전증에 대해 갖는 원인 효과는 달라질 수 있다. 첫 번째 경로의 인과 효과가 두 번째 경로의 것보다 크다면, 피임약 복용은 혈전증을 초래하는 요인이 될 것이다. 그러나 반대로 두 번째 경로의 원인 효과가 첫 번째 경로보다 크거나 또는 두 경로의 원인 효과의 강도가 같다면, 피임약 복용은 혈전증을 억제하거나 혈전증에 무관한 요인이 될 수도 있다(〈그림 1-2〉 참고).

이처럼 복잡한 인과 구조를 해명하는 데에는 여러 방법이 있고, 이들 방법에 대한 논쟁이 있다. 한 가지 방법은, 피임

〈그림 1-2〉 인과 상호작용

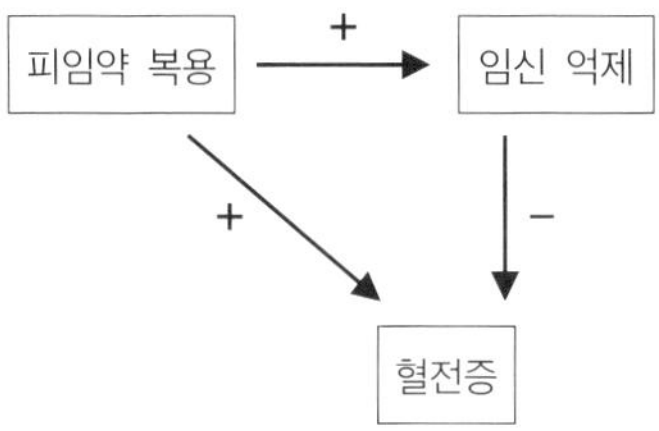

약 복용이 혈전증과 관련하여 임신을 억제하는 성향과 인과 상호작용을 한다는 것이다. 임신을 억제하는 성향은 혼재 요인(인과 상호작용자)이다. 혈전증과 관련하여 피임약 복용은 혼재 요인과 인과 상호작용을 하는 것이다. 인과 상호작용은 피임약 복용이 혈전증에 대해 혼재된(다시 말해, 혈전증을 초래하거나 억제하는 다중) 원인 효과를 갖게 한다(Eells, 1991; Hitchcock, 2001a; 2001b).

다른 방법으로는, 한 경로의 인과 효과를 평가할 때 다른 경로의 인과 효과를 차단하여 해당 경로의 인과 효과만을 평가하는 것이다. 앞선 사례에서 두 번째 경로의 매개 요인인 임신 억제를 차단하여, 첫 번째 경로에서 혈전증에 대한 피임약 복용의 긍정적 원인 효과를 평가하는 것이다.

인과 구조를 해명하거나 추론할 때, 인과 상호작용을 초래하는 혼재 요인과 그 요인을 통한 경로를 어떤 방식으로 고려해야 하는지는 중요하다.

5) 부재 인과에 대한 문제

인과 관계에서 원인과 결과의 필연적 연결은 '부재 인과'의 경우에 더 흥미로운 문제로 나타난다. 부재 인과는 실재하지 않는 원인 사건이나 부정의 원인negative causes이 결과를 초래하는 인과적 사실이다(Lewis, 1986; Sober & Papineau, 1986). 부재 인과는 우리가 일상에서 자주 경험하는 인과적 사실이다.

한 가지 예를 들어 보자. 철수는 집에서 화초를 키우는 것을 매우 좋아한다. 그런데 철수가 급한 사정으로 몇 주간 집을 떠나 있게 되었다. 너무 급한 나머지 누군가에게 화초에 물을 주라는 부탁을 하지 못하고 집을 떠났다. 철수는 그 사실을 계속 잊고 있었고, 집에 도착하여 그의 화초들이 말라 죽은 것에 놀랐다. 화초들은 왜 말라 죽었는가? 그 원인은 분명하다. 철수가 물을 주지 않았기 때문에 화초는 말라 죽었다.

그렇다면 물을 주지 않은 사건이 도대체 무엇인지 물을 수 있다. 물을 주는 사건이 무엇인지는 얼마든지 직접 가리키면서 말할 수 있다. 그러나 물을 주지 않은 사건, 다시 말해 물을 주었다는 것을 부정하는 사건에 대해 우리가 가리킬 수 있는 것은 없다. 사건이란 시공간상의 대상에 속성의 변화가 일어난 것이다. 그 변화는 우리가 경험할 수 있는 것이다. 그러나 무엇이 일어나지 않았다는 것은 어떤 변화도 동반하지 않으므로, 사건이 없는 것이다. 그렇다면 원인으로 가리킬 사건이 없는데 어떻게 물을 주지 않은 것이 화초가 말라 죽은 사건의 원인이 될 수 있는가? 부재 원인, 또는 부정의 원인이란 것이 있는가?

이러한 질문들에 대해 우리는 다양한 방식으로 답할 수 있다. 아마도 물을 주지 않는 사건에 상응할 수많은 실재하는 사건들을 가리킬 수 있을 것이다. 그러나 가능한 다수의 사건 중 어떤 사건이 바로 '그 원인 사건'인지를 말하기는 쉽지 않다. 예를 들어 철수가 여행을 떠난 사건, 철수의 부주의한 태도, 뜨거운 날씨 등 여러 사건을 열거할 수 있지만 어떤 것이 그 원인 사건인지 확인하는 것은 쉽지 않다.

6) 심적 인과의 문제

인과는 물리적 세계의 사실이다. 원인과 결과는 물리적 속성을 가진 사건이다. 그러나 우리는 심적mental 세계에 대해서도 인과를 말한다. 가령, 갑돌이가 왜 물을 마셨는지 묻는다면 답은 분명하다. 갑돌이는 물이 자신의 갈증을 해소할 수 있다는 믿음이 있었고, 물을 마시길 원했기 때문에 물을 마셨다. 갑돌이가 물을 마신 물리적physical 사건의 원인은 물에 대한 갑돌이의 믿음과 물을 향한 갑돌이의 바람이다. 믿음과 바람이란 심적 속성과, 그 속성을 실현한 심적 사건이 갑돌이가 물을 마신 물리적 사건의 원인이다. 인과는 물리적인 관계인데 심적 속성과 사건이 어떻게 물리적 인과관계의 항relata에 위치할 수 있는가? 이는 단순한 질문처럼 보이지만 조금 더 생각해 보면 간단히 답하기 어려운 문제이다(Kim, 1996; Ravenscroft, 2005〔2012〕).

심적 인과의 문제는 심적 내용mental contents이 어떻게 원인의 힘을 가질 수 있는지에 대한 문제로 이어진다. 심적 내용은 우리가 마음 안에 떠올리는 이미지나 성질, 또는 의미이다. 현시presentation와 재현representation이 심적 내용을 이해하는 데에 도움을 준다.

내 앞에 사과가 있다면 나는 사과의 이미지를 떠올릴 수 있다. 사과의 색, 모양 등 사과의 현상적 속성뿐 아니라 사과가 우리 몸에 좋다는 의미도 떠올릴 수 있다. 내 앞에 사과가 있다는 것이 현시이고 주어짐이다. 다른 한편으로, 내 앞에 사과가 없어도 나는 사과를 떠올릴 수 있다. 사과의 색깔, 맛, 향뿐 아니라 사과에 대한 여러 의미들도 떠올릴 수 있다. 내 앞에 없는 사과에 대한 내용을 마음에서 재현하는 것이다. 이처럼 재현된 심적 내용은 원인의 힘을 갖는다. 사과에 대해 내가 갖는 심적 내용은 내가 사과를 먹거나 사과를 던지는 물리적 결과를 초래할 수 있다.

인간의 심적 내용이 물리적 결과를 초래하는 것이 일상의 관점에서는 당연한 사건일 수 있다. 그러나 심적 내용의 원인 효과를 컴퓨터의 기능과 인공지능의 수행에 적용할 때 흥미로운 문제를 보게 된다. 컴퓨터 프로그램은 컴퓨터의 물리적 기능을 실현시킨다. 프로그램의 내용 자체는 물리적 속성이 아니다. 그런 비물리적 속성이 어떻게 물리적 사건의 속성을 실현할 수 있는가? 컴퓨터 프로그램이 수행하는 정보처리 과정은 인간의 심적 재현과 같은 것인가? 인간의 심적 재현을 컴퓨터 프로그램의 정보처리 과정으로 이해하면 되는가? 그렇게 이해할 수 있다는 주장을 계산주의computationalism, 또는 기계기능주의machine functionalism라 부른다. 이 주장에 따르면 컴퓨터의 정보처리 과정에서 프로그램의 논리 구조, 정보의 내용 그리고 그 내용의 처리 과정에 원인 효과나 힘을 부여할 수도 있다(Ravenscroft, 2005〔2012〕).

그러나 인간의 마음을 계산주의 관점으로 이해하는 것이 기계학습 인공지능에 대해서도 적절한 이해가 되는지는 분명하지 않다. 다음과 같이 여러 질문을 할 수 있다. 인공지능 알파고AlphaGo가 바둑을 둘 때 발생하는 정보처리 과정은 인간의 인지 과정과 같은 것인가? 알파고에서 재현된 내용을 인간의 마음에 재현된 내용과 같은 것으로 이해할 수 있는가? 인공지능이 한국어 등의 자연 언어를 처리할 때, 인공지능에 재현된 내용이 인간이 언어를 사용할 때 재현하는 내용과 같은 것인가? 이들 두 재현의 내용이 같은 원인 효과나 힘을 가진다고 볼 수 있는가?

'비가 내리면 땅이 젖는다'라는 인과적 사실을 보자. 기계학습 인공지능은 다양하고 수많은 사례에 대한 학습을 통해, 비가 내리는 사건과 땅이 젖는 사건의 반복된 상관으로부터 이들 두 사건의 인과에 대해 주장할 것이다. 그러나 인간은 물이 특정 물질에 스며든다는 원리를 알고 있다. 인간은 그 원리를 통해 비가 내리고 땅이 젖는 사건의 인과관계를 주장할 수 있다. 수많은 상관관계에 대한 학습으로 특정 사건의 인과관계를 파악하는 것과, 인과에 대한 특정 원리로 다양한 사건의 인과관계를 파악하는 것은 분명히 다르다. 필연적 연결로서의 인과의 원리를 토대로 여러 사례의 인과관계를 파악하는 방법이 더 단순하고 효율적으로 보인다. 수많은 상관관계를 통해 인과에 대한 판단에 도달하는 기계학습 인공지능의 방법은 비효율적이다.

인공지능의 이러한 문제는 컴퓨터과학자 퍼얼이 인과 개념이 기계학습 인공지능에 반드시 필요하다고 판단한 이유 중 하나이다(Pearl, 2000). 인과에 대한 퍼얼의 주목은 4차 산업혁명의 시대라 부르는 현재와 미래에 대해 의미하는 바가 크다. 다음 절에서는 4차 산업혁명에서 인과 개념에 왜 주목해야 하는지, 인과의 어떤 문제가 중요한지에 대해 보겠다.

3. 4차 산업혁명에서 인과의 역할

인과에 대한 문제의 핵심은 두 가지로 볼 수 있다. 첫째, 원인에 대해 그것이 왜 원인인지를 해명하는 것이다. 둘째, 추정되는 다수의 원인들 중 바로 그 원인을 찾는 것이다. 인과에 대한 철학적 연구는 두 번째 문제보다는 주로 첫 번째 문제에 집중하였는데, 밀J. S. Mill은 두 문제 모두를 탐구한 철학자이며 인과 추론에 관한 두 번째 문제의 해결에 중요한 기여를 하였다(Mill, 1898). 한편, 통계학이나 통계에 토대한 학문에 몸담고 있는 통계학자나 사회과학자 등 경험과학자들은 주로 두 번째 문제에 집중하였다.

두 문제는 일견 구분되어 보이지만, 이 문제들을 해결하는 과정에서 각 문제의 답은 서로 영향을 주고받아 왔다. 이런 관계를 보여주는 사례에 주목할 필요가 있다. 예를 들어, 통계학자가 인과 추론에 관한 통계 이론을 제시하려면 우선 인과나 인과의 특성이 무엇인지 정확히 알아야 한다. 인과에 대한 정확한 개념을 전제해야 한다. 그러나 이미 앞 절들에서 보았듯이 인과 개념을 명료하게 제시하기는 쉽지 않다. 앞서 보았던 인과의 두 수준, 인과의 이행성 등 인과의 여러 문제는 인과에 대한 엄밀한 개념을 얻는 것이 얼마나 어려운지를 보여준다.

인과 추론은 통계학이나 통계방법론의 주된 관심사이다. 다양한 상관관계에서 원인을 찾는 인과 추론은 현대 통계학의 길을 닦은 피셔R. A. Fisher, 라이트S. Wright 등의 학자들에 의해 계속 발전하였고(Fisher, 1937; Wright, 1921), 오늘날 인과 추론은 다양한 분야에서 중요한 역할을 하고 있다. 통계학자만이 인과 추론 방법에 기여한 것은 아니다. 앞서 언급하였듯이, 철학자 밀의 인과에 대한 이론은 인과 추론에 중요한 역할을 한다. 밀이 제시한 '차이법'은 대조 실험이나 그와 유사한 실험 및 추론의 원형이다. 또한 인과 추론 방법은 원인이 왜 원인인지 해명하는 인과에 대한 철학적 이론에도 기여하였다. 인과에 대한 확률 이론, 인과에 대한 조종(개입) 이론은 인과 추론 방법을 인과에 대한 형이상학적, 인식론적 탐구에 응용한 대표적 이론들이다. 인과 추론을 위한 대조 실험과 도구instrumental 변수는 인과에 대한 철학적 이론에 응용되었다.

대조 실험은 우리의 일상에서 자주 볼 수 있다. 예를 들어, 간 질환 예방에 대한 커피의 효과를 파악하려면 대상 집단을 실험집단과 통제집단으로 나눈다. 그리고 실험집단에는 커피를 주고, 통제집단에는 커피가 아닌 다른 음료를 위약僞藥, placebo으로 준다. 배경 조건들은 두 집단 모두 동일하게 주어진다. 이후 이들 두 집단에서의 간 질환 예방 확률을 대조하여 커피의 효능을 확인하는 것이다. 이 방법은 인과에 대한 확률 이론에서 확률로 집단 수준의 인과를 해명하는 데에 중요하다.

도구 변수를 이용한 인과 추론은, 한 변수 A에 대한 영향이 또 다른 변수 B에 영향을 주는지를 확인하는 것이다. 그 확인을 위하여 도구 변수 I로 변수 A에 대해 조종(개입)을 하고, 그때 변수 B에 변화가 있는지를 보는 것이다. 도구 변수 I는 조종자(개입자)라 부른다. 도구 변수는 인과에 대한 조종(개입) 이론에 중요한 역할을 한다. 한 요인이 또 다른 요인의 원인이 된다는 것은, 첫 번째 요인에 조종이 주어질 때 그 조종으로 인해 두 번째 요인에 변화가 발생한다는 것이다. 일부 철학자는 인과에 대한 조종 이론을 인과적 설명을 위한 이론으로 발전시켰다(Woodward, 2005).

1) 인과 모형 이론의 발전

원인 개념을 해명하는 인과에 대한 철학적 이론과, 원인을 추론하는 인과에 대한 통계적 이론은 컴퓨터과학의 알고리즘과 기계학습 인공지능에서 함께 만나게 된다. 그리고 이 만남은 4차 산업혁명 시대를 선도할 인과 모형causal model 이론으로 결실을 맺는다. 퍼얼의 구조 인과 모형 이론(Pearl, 2000)과 스퍼츠, 글리모어, 샤이네스(이하 SGS)의 PC[1] 알고리즘 인과 모형 이론(SGS, 1993; 2000)은 우선 통계학의 구조방정식 모형, 회귀분석 등 통계적 인과 추론 이론으로 인과 모형 이론의 형식화를 일반화한다. 다음으로 개입(조종)으로 인과를 해명하고, 반사실적 의존관계로서 인과를 해명하는 철학적 이론으로 인과 모형의 형식화에 인과적 해석을 부여한다.

퍼얼과 SGS 인과 모형 이론들의 주요 과제는 통계적 상관에 관한 데이터에서 인과의 구조를 추론하는 것이다. 이 과제는 가장 기본이 되는, 사실상 가장 중요한 과제이다. 인과 구

1 스퍼츠(Peter Spirtes)와 글리모어(Clark Glymour)의 이름 첫 자를 딴 것이다.

조를 추론한다는 것은 변수들 간의 관계에서 원인에서 결과로 향하는 인과의 일방성asymmetry을 파악하는 것이고, 원인으로서 한 변수가 또 다른 변수에 영향을 주는지 여부를 파악하는 것이다. 다수의 변수들 간에는 여러 상관관계가 가능하다. 이들 상관관계에서 인과의 일방성과 원인의 효과를 파악하려면 체계화된 방법이 필요하다. 또한 앞서 보았던 인과의 여러 문제를 모두 고려해야 한다.

이후 3장에서 퍼얼과 SGS 인과 모형 이론들을 중심으로 인과 모형 이론에 대해 소개하고, 이들 이론이 인과 구조에 대한 해명과 추론에 어떻게 기여하는지를 보겠다.

2) 합리적 의사결정 이론에서 인과의 역할

합리적 의사결정 이론rational decision theory은 인간의 합리성과 그것에 토대한 선호, 선택, 행위를 논리적, 수학적으로 엄밀하게 모형화한 것이다. 경제학 등 사회과학에서 일반적으로 이용되는 게임 이론game theory의 기초이다. 의사결정 이론은 불확실성 추론에 토대한 인공지능 알고리즘에 중요한 역할을 하는 귀납 논리이다.

그런데 기대효용 최대화 원리에 토대한 합리적 의사결정 이론의 근간을 흔드는 문제들이 제기되었다. 뉴컴의 역설Newcomb's paradox은 의사결정에 인과 구조를 고려하는 것이 중요함을 보여준다. 따라서 기존의 합리적 의사결정 이론의 대안으로 인과 의사결정 이론이 제시된다. 다른 한편으로, 뉴컴의 역설과 인과 의사결정 이론에 영향을 받은 기존의 합리적 의사결정 이론은 인과에 대한 정보를 토대로 인과 의사결정 이론이 의도한 바를 보여준다.

4장에서는 뉴컴의 역설과 관련하여, 인과 모형 이론이 두 가지 의사결정 이론 모두를 어떻게 유의미하게 만드는지 볼 것이다.

3) 빅데이터에서의 상관성과 인과성

빅데이터는 4차 산업혁명 시대를 대표하는 현상 및 용어가 되었다. 마이어쇤베르거V. Mayer-Schönberger와 쿠키어K. Cukier(이하 MSC)는 빅데이터가 우리 삶에 가져올 큰 변화들을 소개하면서, 우리의 세계관에도 전환이 필요하다고 주장한다(MSC, 2013).

특별히 주목할 만한 것은 '인과성'과 '상관성'에 대한 주장이다. MSC는 빅데이터의 세계에서는 인과성보다 상관성이 실용적이고 효율적이라 주장한다. 더 나아가, 빅데이터의 세계에서는 인과성에 토대한 분석이나 예측이 상관성에 토대한 분석이나 예측에 밀려 주목받지 않게 되거나 도태될 것이라 주장한다. 상관성이 현상을 분석하고 예측하는 데에 필요하다는 MSC의 주장은 새로울 것이 없다. 그러나 상관성만으로 현상을 분석하고 예측하는 데에 충분하고, 인과성은 불필요하다는 MSC의 주장은 대담하고도 위험한 주장이다.

5장에서는 MSC의 논증을 분석하여 인과성에 대한 MSC의 이해와 주장이 틀렸음을 보겠다. 빅데이터를 분석하고 활용하는 데에 오히려 인과성이 중요하며, 인과 모형 이론이 어떤 기여를 할 수 있는지 볼 것이다.

4) 신경망 기계학습 인공지능에서의 인과에 대한 논쟁

자연 언어를 처리하는 인공지능 분야는 현재 가장 큰 발전과 성과를 보여주는 분야라고 말할 수 있다. 이 분야는 신경망 neural network 기계학습 인공지능의 기술적 관점과 철학적(형이상학적) 관점 모두에서 주목의 대상이다. 신경망 인공지능 컴퓨팅computing 개념으로 지능 등 인간의 인지 활동을 설명하려는 인지과학의 철학이 연결주의connectionism이다. 연결주의와 고전적 계산주의classical computationalism, 또는 classicism의 논쟁은 신경망 인공지능의 원리만이 아니라 인공지능 기술의 한계까지 다시 생각하게 한다.

6장에서는 연결주의와 그것에 비판적인 고전적 계산주의, 또는 기호주의symbolism의 논쟁을 언어의 체계성, 조합성, 생산성과 관련하여 검토하겠다. 이 논쟁에서 핵심 쟁점은 신경망 인공지능에 재현된 내용이 언어의 체계성을 실현하는 원인의 힘을 가질 수 있는지 여부이다. 이 논쟁에서 각 입장의 논증을 검토하고, 신경 연결망을 인과의 망으로 해석할 수 있는 가능성을 모색할 것이다.

5) 두뇌의 자기공명영상 데이터에 대한 인과 추론

두뇌 영역에서 인과에 대한 질문은 인지신경심리학, 인지심리학, 계산모형 등에서 꾸준히 제기되어 왔다. 뇌에 대한 관찰에서 가장 올바른 인과 정보를 추출하는 방법은 특별히 중요하다. 과거에는 뇌의 특정 기능과 그 기능이 실현되는 뇌 영역을 연결하는 방법에 관심이 집중되었다. 그런데 자기공명영상fMRI을 통해 주어진 뇌 영상 데이터는 뇌 연구의 새로운 계기를 마련하였다. 특히 뇌의 한 영역이 다른 영역에 어떻게 영향을 주는지에 대한 '(인과) 효과적 연결성effective connectivity' 문제는 뇌 연구의 새로운 패러다임으로 주목받았다(Friston, Frith et al., 1993; Friston, 1994; 2005; 2011).

연구의 핵심은 다양한 통계적, 기계학습적 방법을 이용하여 fMRI 데이터를 인과 모형으로 전환하는 것이다. 뇌의 관심 영역regions of interest(이하 ROI)에 대한 파악으로부터 이들 영역 간의 인과관계를 추론할 수 있어야 한다. 인과의 변수들은 ROI를 표현한 복셀voxel의 집합이 된다. 복셀은 데이터가 픽셀pixel로 표현된 것으로, 3차원 입체로 표현된 데이터이다. 최근에 ROI의 인과 구조를 밝히는 데에 인과 모형 이론이 활용되고 있다. 특히 SGS 인과 모형 이론의 응용은 주목할 만하다(Hanson & Glymour, 2010).

7장에서는 인과 모형 이론의 요소와 조건들이 ROI의 인과 구조를 밝히는 데에 어떻게 기여하는지 살펴보고 논의할 것이다.

6) 설명 가능한 인공지능에서 인과적 설명의 전망

기계학습 알고리즘에 토대한 인공지능은 엄청난 양의 데이터를 처리하여 하나의 일반화를 형성하고, 그 일반화로 결과를 산출하는 구조를 가진다. 일종의 귀납적 기계라 말할 수 있다. 흥미롭게도 그 놀라운 구조 때문에 인공지능 과학자들은 어려운 문제에 직면하게 된다. 인공지능이 그런 결과를 왜 산출하였는지를 설명하기 어렵다는 것이다. 엄청난 양의 데이터를 학습한 결과이지만, 그 결과가 나오는 과정은 내부를 볼 수 없는 일종의 블랙박스black box 상태에 놓여 있다.

철학자 흄은 반복되는 두 사건들의 항상적 연접連接에 대한 경험들이 습관을 이루어 인과의 필연성이란 개념을 얻는다고 말하였다. 하지만 습관이 어떻게 개념을 얻게 하는지가 여전히 의문이다. 인공지능의 알고리즘에 대한 설명이 어렵다면 그 인공지능이 어떤 결과를 낼지에 대해서도 예측이 어렵다고 볼 수 있다.

인공지능으로 구동하는 치명적 살상무기에 대해 그 구동의 결과를 예측할 수 없다면, 이 무기는 위험천만한 것이다. 몇 년 전부터 미 국방고등연구원은 설명 가능한 인공지능에 대한 연구를 진행하였다. 설명에 대한 과학철학의 연구, 설명에 대한 심리학적 연구 등 다양한 기초 연구를 토대로 설명 가능한 인공지능을 개발하는 프로젝트를 진행하였다. 프로젝트에는 인과와 인과적 설명에 토대한 설명 가능한 인공지능에 대한 연구도 포함되어 있다. 이를 통해 4차 산업혁명 시대에 인과에 대한 연구가 중요한 이유를 충분히 가늠할 수 있다.

8장에서는 설명 가능한 인공지능에서 인과적 설명의 중요성 및 관련 문제를 검토하여, 인과 모형 이론이 설명 가능한 인공지능에 기여하려면 무엇을 고려해야 하는지 살펴보겠다.

2장

인과에 대한 이론들의 백가쟁명

인과에 대해 흥미로운 점은 인과에 대한 전통적인 문제들이 현재에도 여전히 논의된다는 것이다. 또한 인과에 대한 철학적 이론이 현대 통계학의 인과 추론에서 중요한 역할을 한다는 것이다. 1장에서는 인과에 대한 주요 문제들이 무엇인지 살펴보았고, 4차 산업혁명을 수노하는 인공지능과 빅데이터에서 인과가 왜 중요한지를 소개하였다. 이 장에서는 인과의 문제를 해결하기 위해 제시된 인과에 대한 철학적 이론들을 소개하겠다.

인과에 대한 철학적 이론들은 네 가지로 구분할 수 있다. 우선, 집단 수준 인과에 대한 이론과 개별자 수준 인과에 대한 이론이 있다. 다음으로, 결정적 인과에 대한 이론과 비결정적(확률적) 인과에 대한 이론이 있다. 이들 네 가지 구분에 따라 인과에 대한 철학적 이론을 살펴보겠다.

이 이론들의 목표는 두 가지로 볼 수 있다. 첫째, 결과를 초래한 수많은 요인이나 사건들이 주어질 때 이들 가운데 '그 원인'을 어떻게 확인하는지에 대한 것이다. 둘째, 한 요인이나 사건이 또 다른 요인이나 사건의 원인이 된다는 것이 무엇을 의미하는지 묻는 것이다. 이들 두 목표는 일견 달라 보이지만 사실상 하나의 문제이다. 그 점에서 인과의 문제가 주는 매력이 있다. 첫 번째 목표는 세계와 사실에 관한 것이지만, 두 번째 목표는 논리적, 개념적인 것이다. 하지만 각 목표를 이루기 위한 문제 해결 방식이 서로에게 실마리를 제공한다.

1. INUS 이론

인과의 관계를 객관적 관계로 해명하는 데에 철학자들이 전통적으로 이용한 개념은 논리적 개념이다. 인과의 관계를 논리적 관계로 해명하는 데에는 충분조건과 필요조건이 중요한 역할을 한다. 밀이 제시한 인과를 추론하기 위한 방법이 대표적인 사례이다. 많은 철학자들이 필요조건, 충분조건으로 인과의 이론을 발전시켰다. 그 발전의 정점에 서 있는 철학자가 매키J. L. Mackie이다. 매키의 INUS 이론은 인과와 인과 이론에 대한 논의에서 중요한 위치에 있다(Mackie, 1965; 1974).

INUS 이론을 살펴보기에 앞서 충분조건과 필요조건이 무엇인지 보자. A가 B에 '충분하다'는 것은, A가 있으면 B는 반드시 있다는 것이다. 예를 들어 돈이 우리의 행복에 충분하다면, 돈이 있으면 우리는 반드시 행복한 것이다. 이때 돈은 우리 행복의 충분조건이 된다. 돈이 행복의 충분조건이면, 돈이 있는데 행복하지 않은 경우는 없다. 그런데 우리가 늘 행복한 사람이라면 돈이 있고 없음은 중요하지 않다. 이 경우에 돈이 행복에 대한 충분조건임에도, 돈이 없어도 우리는 행복할 수 있다. 충분하다는 것은 없어서는 안 된다는 의미는 아니다.

없어서는 안 된다는 것은 '필요하다'는 것이다. C가 D에 필요하다는 것은, C가 없으면 D가 없다는 것이다. 예를 들어 '산소는 우리의 생존에 필요하다'라는 문장에 따르면, 산소는 우리의 생존에 대하여 필요조건이다. 산소가 없다면 우리는 생존할 수 없다. 산소가 없는데 우리가 생존하는 경우는 없는 것이다.

이제 '철수의 담배꽁초가 산불을 일으켰다'라는 인과 주장을 보자. 철수의 담배꽁초 불씨가 산불의 원인인 것을 어떻게 해명할 수 있는가? 산불을 일으키는 요인은 담배꽁초 불씨만이 아니다. 담배꽁초의 불씨만으로 산불이 발생하지는 않는다. 산소가 있어야 하고, 건조한 날씨도 한몫을 해야 한다. 그 외에도 관련된 여러 요인이 있을 것이다. 논의의 편의를 위해 산불을 일으키는 요인을 담배꽁초의 불씨, 산소, 건조한 날씨로 제한하자. 이들 세 요인이 있다면 산불은 반드시 발생한다. 이들 세 요인의 집합은 산불 발생에 충분하므로 이 집합은 산불 발생의 충분조건이다. 그러나 이들 세 요인의 집합이 산불 발생에 필요한 것은 아니다. 다시 말해, 이들 세 요인의 집합이 없다고 산불이 발생하지 않는 것은 아니다. 낙뢰, 인화물질 등 다른 요인으로 이루어진 집합이 산불을 초래할 수도 있다. 정리하면, 담배꽁초의 불씨, 산소, 건조한 날씨 요인의 집합은 산불 발생에 충분하지만 필요하지는 않다.

이번엔 이들 요인의 집합에서 담배꽁초의 불씨만 있다고 해보자. 이 경우 산불이 발생하지는 않는다. 담배꽁초의 불씨만으로는 산불 발생에 충분하지 않다. 그러나 담배꽁초의 불씨 없이 다른 요인들만으로는 역시 산불이 발생하지 않는다. 따라서 담배꽁초의 불씨는 산불 발생에 필요하다. 정리하면, 담배꽁초의 불씨는 이들 요인의 집합에서 산불 발생에 충분하지는 않지만 필요한 요인이다.

이제 모든 관계를 정리하자. 담배꽁초의 불씨는 산불 발생에 충분하지만 필요하지 않은 요인들의 집합에서, 충분하지는 않지만 필요한 요인이다. 이를 영어로 표현하면 'the Insufficient but Necessary factor of an Unnecessary but Sufficient set of the factors'이다. 각 조건의 영어 알파벳 첫 글자를 조합하여 이를 'INUS'라 부른다. INUS 이론은 사건 수준의 인과를 요인들 간의 관계로, 다시 말해 속성(집단) 수준의 인과로 그 원인을 해명한다. 매키는 이와 같이 인과 개념을 필요조건, 충분조건이란 논리적 관계로 해명한다.

INUS 이론은 인과에 대한 우리의 직관에 상당히 부합한다. 그럼에도 이 이론에는 여러 문제가 제기된다. 이들 문제는 INUS 이론에만 한정된 것이 아니고, 사실상 인과에 대한 다른 일부 이론에도 공통된 문제이다. INUS 이론의 문제 중 대표적인 것을 살펴보자.

첫 번째 문제는 INUS 이론이 전제하는 결정론에 있다. 결정론을 따르면, 한 체계에 대한 모든 정보를 우리가 알고 있다면 일정 시점 이후에 그 체계가 어떤 상태인지를 정확히 예측할 수 있다. 비결정론적 체계가 무엇인지도 우리는 쉽게 알 수 있다. 다시 말해, 결정론적 체계로서 INUS 이론을 따를 때, INUS 조건이 정확하다면 INUS 조건이 주어질 때 결과 사건을 정확히 파악할 수 있다. 그러나 비결정론적 체계를 전제한다면, INUS 조건을 충분히 파악하여도, 또는 완전한 INUS 조건이 주어져도, 그 결과 사건을 정확히 파악할 수는 없게 된다.

두 번째 문제는 허위 상관을 인과관계로 확인하는 오류에 빠질 수 있다는 것이다. 예를 들어 특정 감기는 콧물과 기침을 반드시 동시에 초래한다. 콧물만 나오고 기침이 없거나, 그 반대인 경우도 없다. 콧물과 기침 간에는 강한 상관관계가 있지만 인과관계는 없다. 감기와 콧물은 기침 발생에 충분하지만 필요한 요인의 집합은 아니다. 콧물이 없다면 기침도 없기 때문에, 콧물은 기침 발생에 충분하지는 않지만 필요한 요인이 된다. 따라서 콧물을 기침 발생의 원인으로 확인하게 된다. 물론 이것은 오류이다. 이처럼 INUS 조건은 공통 원인의 두 결과가 강한 상관관계에 있을 때, 원인이 아닌 요인을 원인으로 잘못 확인하게 한다.

세 번째 문제는 INUS 조건으로 주어지는 요인들의 집합에서 어떤 요인을 원인으로 확인할지, 어떤 요인을 배경 조건으로 확인할지를 확정하기 어렵다는 것이다. INUS 조건으로 주어지는 요인들의 집합을 '인과 장causal field'이라 부른다. 인과 장에서 원인과 배경 조건을 구분하는 것은 맥락 의존적이다. 앞서 소개했던 산불에 대한 예시에서 불씨, 산소, 건조한 날씨로 이루어진 인과 장을 다시 보자. INUS 조건에 따르면, 불씨를 산불의 원인으로 확인하지만 산소도 산불의 원인으로 확인할 수 있다. 이들 두 요인 중 어떤 것을 원인으로, 어떤 것을 배경 조건으로 결정할지는 상황에 따라 달라진다. 이로 인해 그 원인을 확정하기 어렵게 되는 것이다.

2. 인과에 대한 반사실적 이론

흄은 인과의 필연적 연결을 '사건 A가 없었다면 사건 B는 없었을 것이다'의 형식으로 제시하였다(Hume, 2018〔1748〕). 이 형식을 반사실적counterfactual 관계에 관한 조건문, 또는 반사실적 조건문이라 부른다. 반사실적이라는 것은 사실, 또는 현실의 반대contrary to facts라는 것이다.

반사실적 조건문은 영어 문법에서 가정법 과거나 가정법 과거완료로 표현하는 조건문subjunctive conditionals의 형식이기도 하다. 우리는 일상에서 조건문을 자주 사용한다. 현재 시점에서 내가 골프를 칠 줄 모르는 경우에, 현재의 사실과 반대되는 '내가 골프를 배웠다면 골프를 쳤을 것이다'라는 조건문을 말할 수 있다. 과거 시점에 발생한 사건으로는 앞서 소개했던 예시, 철수가 화초에 물을 주지 않아서 화초가 죽었던 경우를 보자. 이때 과거 사건과 반대되는, '철수가 화초에 물을 주었더라면 화초는 죽지 않았을 것이다'라는 조건문을 말할 수 있다.

반사실적 조건문은 법칙의 필연적 관계를 보여주는 데에 유용하다. 예를 들어 보자. 소금이 물에 녹는 것은 필연적이다. 현재 내 앞에 있는 소금은 고체 상태이다. 소금이 물과 만나는 경우가 없다면 계속 고체 상태일 것이다. 그러나 소금이 물에 녹는 필연적 성향이 사라지는 것은 아니다. 그와 같은 필연적 성향을 가리키는 것으로 '어떠한 물질이든 소금인 경우에, 그것이 물에 들어갔다면 녹았을 것이다'라는 조건문을 말할 수 있다. 반사실적 조건문은 전건이 참인 가능 세계에서 후건도 참이 되는 경우에 참이 된다. 여기서 가능 세계는 우리가 사는 세계와 물리적으로 유사한 세계를 말한다. 소금이 존재하는 우리의 세계와 물리적으로 유사한 모든 가능 세계에서 소금이 반드시 녹는다면, 이 조건문은 참이 된다. 이런 식으로 반사실적 조건문을 통해 물리적 자연 법칙의 필연성을 보일 수 있다.

'모든 계란은 하얗다'라는 보편적 일반화 문장을 보자. 이 문장을 '어떠한 대상도 그것이 계란이라면 하얗다'라는 반사실적 조건문으로 바꿀 수 있다. 이 조건문이 과연 우리의 세계와 물리적으로 유사한 모든 가능 세계에서 참이 될 수 있는가? 그렇지 않다. 어떤 가능 세계에 계란이 있는데 갈색인 경우가 가능하다. 따라서 이는 자연 법칙의 필연성을 보여주지 못한다.

이번엔 '모든 농축 우라늄은 100만 킬로그램을 넘지 못한다'라는 보편적 일반화 문장을 반사실적 조건문으로 바꾸어 보자. '어떠한 물질이든 농축 우라늄이면 그것은 100만 킬로그램을 넘지 못한다'가 된다. 농축 우라늄은 붕괴가 일어나기 때문에 그렇게 큰 질량을 가질 수가 없다. 그처럼 큰 질량을 가질 수 없는 것은 농축 우라늄의 물리적으로 필연적인 성향이다. 따라서 우리의 세계와 물리적으로 유사한 모든 가능 세계에 우라늄이 있다면, 그 모든 세계에서 우라늄은 100만 킬로그램을 넘을 수 없다.

이와 같이 반사실적 조건문은 법칙적 필연성을 해명하는 데에 매우 유용하다. 그러나 반사실적 조건문과 법칙적 필연성에는 순환관계가 있다. 보편 문장에서 법칙적 필연성의 성립 여부는, 보편 문장의 반사실적 조건문이 참이 되는지 여부에 달려 있다. 그렇다면 반사실적 조건문은 왜 참인지 물을 수 있다. 그 이유는 자연 법칙의 필연성 때문이라고 답해야 할 것이다. 자연 법칙 문장과 우연적 일반화 문장을 구분하는 기준으로서 반사실적 조건문의 역할은 중요하다. 그러나 자연 법칙적 필연성과 반사실적 조건문의 의미론 간 순환관계는 해결되어야 할 문제이다.

예민한 독자는 반사실적 조건문과 관련하여 앞서 언급한 '가능 세계'가 문제가 될 수 있음을 감지하였을 것이다. 'A였다면 B였을 것이다'라는 조건문을 보자. 이 조건문은 전건 A가 참인 가능 세계에서 후건 B도 참이 되는 경우에 참이 된다. 그 조건문은 어떤 가능 세계에서 참인데, 그 가능 세계는 A인데 B가 아닌 세계보다 A이고 B인 세계에 더 유사한(가까운) 세계이다. 그렇다면 우리의 실제 세계와 물리적으로 가장 유사한, 또는 가까운 세계에 대해 그 세계가 우리의 세계와 얼마나 유사한지(가까운지) 물을 수 있다. 유사성에는 유사한 정도의 경계가 불분명한 모호성이 있다. 가령, 대머리에 대한 정의가 어렵다는 데에서도 경계의 모호성을 알 수 있다. 남은 머리카락 몇 가닥부터 대머리로 정의할지 그 수의 경계를 말하기는 어렵다.

이제 반사실적 조건문으로 인과를 어떻게 해명할 수 있는지 보자. 흄이 보여주었듯 인과는 반사실적 의존관계로 표현할 수 있다. 다음 문장을 보자. '철수가 돌을 던져 유리창을 깼다.' 철수가 돌을 던진 사건은 유리창이 깨진 사건의 원인이다. 반사실적 조건문으로 표현하면 다음과 같다. '철수가 돌을 던지지 않았다면 유리창은 깨지지 않았을 것이다.' 이 조건문의 후건(유리창은 깨지지 않았을 것이다)은 전건(철수가 돌을 던지지 않았다)에 반사실적으로 의존한다. 따라서 유리창이 깨진 사건은 철수가 돌을 던진 사건에 인과적으로 의존한다. 반사실적 의존관계로 인과적 의존관계를 해명하는 것이다. 이렇듯 인과에 대한 반사실적 이론은 매우 단순하고 우리의 직관에도 잘 부합한다.

그러나 반사실적 인과 이론에 대해 여러 문제가 제기되었고, 문제들을 해결하는 과정에서 이 이론은 수정을 거듭하였다. 반사실적 인과 이론의 가장 큰 문제는 선점preemption에 대한 것이다(Lewis, 1973b; 1986). 선점이 반사실적 인과 이론에 왜 문제가 되는지 살펴보자.

철수와 만수는 저격수인데 독재자를 제거하는 임무를 맡게 되었다. 두 사람은 독재자에게 총을 겨누었다. 철수가 사수射手이고, 만수는 철수가 실패할 경우에 사격을 할 부사수이다. 철수가 방아쇠를 당기려는 순간에 만수는 실수로 먼저 방아쇠를 당겼고 총알은 독재자를 맞추었다. 놀란 철수는 방아쇠에 손가락을 걸고 멈추었다. 분명 독재자가 총알을 맞는 사건의 원인은 만수의 사격이다. 그 인과관계를 반사실적 인과 이론으로 해명하면 다음과 같다. '만수의 사격이 없었다면 독재자

가 총알을 맞는 사건은 없었을 것이다.'

그러나 다음과 같은 반사실적 조건문 또한 가능하다. 만수의 사격이 없었다면 철수의 사격이 있었을 것이고, 독재자가 총알을 맞는 사건이 있었을 것이다. 따라서 만수의 사격이 없었다면 독재자가 총알을 맞았을 것이라는 반사실적 조건문이 참이 된다. 이 경우 반사실적 의존관계와 인과적 의존관계가 일치하지 않게 된다. 반사실적 인과 이론을 발전시킨 루이스 D. Lewis는 이 문제에 대한 해결 방안을 다음과 같이 제시한다. 만수의 사격에서 독재자가 총알을 맞는 사건으로 이어진 경로에는 인과의 연결고리들이 있다. 인과의 연결고리의 각 단계는 반사실적 의존관계로 연결된다. 따라서 만수의 사격은 독재자가 총알을 맞는 사건의 원인이 된다. 그러나 철수의 사격에서 독재자가 총알을 맞는 사건으로 이어지는 인과의 연결고리들은 없다.

이때 인과의 연결고리에서 또 다른 선점 문제가 발생한다(Lewis, 1973b; 1986). 앞서와 같은 상황인데, 이번에는 철수가 중단하지 않고 방아쇠를 그대로 당겼다. 철수가 나중에 쏜 총알은, 만수가 쏜 총알을 맞고 쓰러진 독재자가 서 있었던 그 공간을 가로질렀다. 이 경우 철수의 사격으로부터 독재자가 있는 곳으로 인과의 연결고리가 있다. 만수가 사격하지 않았어도 철수가 쏜 총알을 독재자는 맞았을 것이다. 따라서 만수의 사격이 없었다면 독재자는 총알을 맞았을 것이다. 반사실적 의존관계와 인과적 의존관계가 다시 일치하지 않게 된다. 루이스는 이 문제에 답하기 위하여 사건에 대한 형이상학적 분석을 제시한다(Lewis, 1986). 그 분석의 핵심은 만수의 사격으로 독재자가 총알을 설령 맞았더라도, 그 결과 사건은 철수의 사격으로 독재자가 총알을 맞은 사건과 같지 않다는 것이다. 그러나 선점 문제의 또 다른 유형들이 제기되고 반사실적 인과 이론에 대한 논쟁은 계속되었다. 그 과정에서 반사실적 인과 이론은 여러 방식으로 진화한다(Collins & Hall, 2004).

반사실적 인과 이론에 대한 논리(개념)적, 형이상학적 문제에도 불구하고, 반사실적 조건문이 인과의 필연성을 보여주는 데에 유용하고 유의미하다는 것에는 많은 사람들이 동의한다. 인과적 의존성과 반사실적 의존성의 관계는 3장에서 소개할 인과 모형 이론에서 중요한 역할을 한다.

3. 인과에 대한 확률 이론

인과에 대한 확률 이론은 집단 수준의 인과를 해명하는 대표적인 이론이다. 인과에 대한 확률적 이해는 양자역학 등 비결정적 체계의 영향이 크다. 인과에 대한 확률 이론의 발전은 두 가지 분야에 토대한다. 첫 번째 분야는 계량경제학이다. 계량경제학 이론의 발전 과정에서 특히 그레인저C. W. J. Granger가 제시한 인과에 대한 확률적 관계의 역할이 컸다(Granger, 1969). 두 번째 분야는 과학철학이다. 라이헨바흐H. Reichenbach, 수피스P. Suppes, 굿I. J. Good이 이론의 토대를 제시한 이후 카트라이트N. Cartwright, 스컴스B. Skyrms, 소버E. Sober가 발전시켰고, 엘스E. Eells가 집단 인과와 사건 인과의 각 수준에서 엄밀하게 형식화된 이론으로 확장하였다(Eells, 1991).

인과에 대한 확률 이론은 인과의 관계를 확률의 관계로 해명하는 이론이다. 저자는 이 이론이 원인을 판명하는 방법에 있어 인과 모형 이론과 사실상 같다고 본다. 인과 모형 이론이 인과를 해명하는 데에 제시하는 조건과 방법은 인과에 대한 확률 이론의 조건이나 방법과 다르지 않다. 두 이론 모두 통계학에서 발전된 인과 추론의 방법을 응용하기 때문일 것이다. 수

피스의 이론에서는 집단 수준 인과와 개별자 수준 인과의 구분이 분명하지 않다(Suppes, 1970). 반면 굿의 이론에서는 이들 두 수준의 인과를 구분하고 각 수준에 대한 이론을 제시한다(Good, 1961a; 1961b; 1983). 카트라이트, 스컴스, 소버가 발전시킨 이론은 집단 수준의 인과에 관한 것이다(Cartwright, 1979〔1983〕; Skyrms, 1980; Sober, 1991). 엘스는 굿처럼 두 수준의 인과 각각에 대한 확률 이론을 발전시켰다.

엘스는 집단 수준 인과에서 기존의 확률 인과 이론들을 종합하고 평가하여 보다 엄밀한 인과에 대한 확률 이론을 발전시켰다(Eells, 1991). 인과에 대한 확률 이론은 집단 수준 인과의 특성을 잘 보여준다. 한 요인이 또 다른 요인의 원인이 되는 관계는 조건부 확률 Pr(Y | X)에 토대한다. 〔Pr(Y | X)는 요인 X가 주어질 때 Y의 확률이다.〕 예를 들어 흡연 X가 폐암 Y의 원인이 되는 관계를 보자. 흡연이 폐암의 원인이 되는 관계는 Pr(Y | X)와 Pr(Y | -X)의 대조에서 시작한다(-X는 X의 부정, 또는 부재를 가리킨다). 하지만 이 대조는 상관관계의 수준에서 X와 Y의 관련성을 보여줄 뿐이다. 이 대조로 Y에 대한 X의 원인 효과를 보여주려면, 두 가지를 고려하여 Pr(Y | X)와 Pr(Y | -X)의 대조를 보아야 한다. 그 두 가지는 '집단'

과 '배경 조건'이다. 이것들과 관련하여 Y에 대한 X의 원인 효과를 어떻게 평가하는지 살펴보자.

우선 Pr(Y | X)와 Pr(Y | -X)의 대조는 항상 집단에 상대하여 이루어진다. 흡연이 폐암의 원인이라면, 집단에 상대하여 흡연은 폐암의 원인이다. 집단은 다양하다. 이들 집단 중 A지역의 사람들로 이루어진 집단을 집단 A라 하자. 집단 A는 다양한 속성을 갖고 있다. 이들 속성 중 어떤 속성을 상대하는지에 따라 흡연이 폐암에 대해 갖는 원인 효과는 달라진다. 예를 들어 집단 A가 갖는 속성 중 '인간종'이라는 속성을 상대한다면 흡연은 폐암의 (긍정) 원인이 아니거나 폐암에 무관할 수 있다. 인간종이란 속성은 인간이 가진 모든 속성을 포함한다. 따라서 이들 속성 전체에 상대할 때 흡연이 폐암의 원인이 되기는 어려울 것이다. 다른 한편으로, 집단 A의 속성 중 '도시 거주'라는 속성에 상대할 때 흡연은 폐암의 원인이 될 수 있다. 이처럼 흡연이 폐암의 원인이 되는지 여부, 또는 폐암에 대해 어떤 원인 역할을 하는지는 집단의 어떤 속성을 상대하는지에 달려 있다. 정리하면 집단에 상대하여, 더 정확히 말하면 집단의 특정 속성에 상대하여 흡연은 폐암의 원인이 된다. 집단 수준의 인과는 〈집단, 집단의 속성, X, Y〉로 이루어지는 4항

관계이다. X와 Y만으로 이루어진 2항 관계가 아니다.

또한, 폐암에 원인 영향을 주는 요인은 흡연뿐이 아니다. 유전자, 대기오염 등 다양한 요인이 폐암의 원인이 된다. 이 다양한 요인들 가운데 흡연을 폐암의 원인으로 어떻게 확인할 수 있는지가 문제이다. 그 확인을 위하여, 우선 흡연과 독립적으로 폐암에 영향을 줄 모든 요인을 고려하고 이들 각 요인을 배경 조건(맥락)으로 고정한다. 흡연에 독립적인 요인은 흡연이 원인일 때 그것의 결과가 되지 않는 요인이다. 다음으로, 이들 배경 조건 각각에 상대하여 흡연이 주어졌을 때 폐암의 확률과 흡연이 주어지지 않았을 때 폐암의 확률을 대조한다.

이때 흡연의 결과이면서, 또한 폐암에 원인 영향을 주는 요인을 배경 조건으로 고려하면 안 된다. 예를 들어 흡연이 타르tar 흡수를 초래하고 타르 흡수는 폐암을 초래한다고 하자. 타르 흡수는 흡연의 결과로서, 흡연에 독립적이지 않고 흡연에 의존적이다. 타르 흡수를 배경 조건으로 고정하게 되면, 타르 흡수는 흡연이 폐암의 원인이 되는 효과를 차단(차폐)하게 된다. 이 경우 폐암에 대한 흡연의 원인 효과를 온전히 평가할 수 없다. '흡연 → 타르 흡수 → 폐암'의 이행적 인과관계에서, 매개자로서 타르 흡수 요인은 그 요인의 원인인 흡연으로부터 그 요인의 결과인 폐암을 확률적으로 독립되게 한다. 이러한 관계가 바로 마르코프 조건이다. 마르코프 조건을 전제하면서 흡연이 타르 흡수를 통해 폐암으로 이어지는 원인 효과의 이행성을 어떻게 보여줄 수 있는지는 문제로 남는다. 이는 앞 장에서 본 인과 이행성의 문제이다(Eells & Sober, 1983).

논의의 편의를 위하여 폐암에 영향을 주는 요인을 흡연, 대기오염, 스트레스로 가정하고, 대기오염, 스트레스는 흡연에 독립되어 폐암에 인과적으로 관련된 요인이라 하자. 이들 두 요인 각각을 배경 조건으로 고정하고, 각 배경 조건에 상대하여 흡연의 폐암에 대한 원인 효과를 평가해야 한다. 각 배경 조건의 유무에 따라 네 가지 경우의 수(대기오염 있음·스트레스 있음, 대기오염 있음·스트레스 없음, 대기오염 없음·스트레스 있음, 대기오염 없음·스트레스 없음)가 나온다. 이를 각각 K_1, K_2, K_3, K_4라 하자.

① $Pr(Y \mid X \& K_1)$ □ $Pr(Y \mid -X \& K_1)$

② $Pr(Y \mid X \& K_2)$ □ $Pr(Y \mid -X \& K_2)$

③ $Pr(Y \mid X \,\&\, K_3)$ □ $Pr(Y \mid -X \,\&\, K_3)$

④ $Pr(Y \mid X \,\&\, K_4)$ □ $Pr(Y \mid -X \,\&\, K_4)$

* 각 조건부 확률 사이의 □에는 (부)등호[>, <, =]가 들어간다.

이들 네 가지 모든 경우에 X가 주어졌을 때 Y의 확률이 그렇지 않았을 때 Y의 확률보다 크다면, X는 Y에 대해 긍정 원인 효과를 가진다. 반대로 작다면, X는 Y에 대해 부정 원인 효과를 가진다. 두 확률이 같다면 X는 Y에 대해 중립 원인 효과를 가진다. 다른 한편으로, X가 주어졌을 때 Y의 확률과 그렇지 않았을 때 Y의 확률의 관계는 배경 조건마다 얼마든지 다를 수 있다. 그 경우에 X는 Y에 대해 혼재 원인 효과를 가진다.

한 요인 X가 또 다른 요인 Y에 대해 갖는 원인 효과는 집단에 상대하여, 그리고 그 집단의 어떤 배경 조건에 상대하는지에 따라 달라질 수 있다. 집단 전체에 상대하여, 다시 말해 배경 조건 전부를 동시에 상대할 때 X의 Y에 대한 원인 효과는 집단의 일부에 상대하여, 다시 말해 특정 배경 조건에 상대할 때 X의 Y에 대한 원인 효과와 얼마든지 다를 수 있다.

이처럼 배경 조건에 상대하여 X의 Y에 대한 원인 효과를

해명하는 것은 허위 상관과 인과를 구분하는 데에 효과적이다. 예를 들어, 흡연이 폐암의 원인으로 나타나지만 이들 두 관계는 인과가 아닌 단지 상관에 불과한 경우가 있다고 해보자. 어떤 특정 유전자가 있는데, 그 유전자는 흡연과 폐암을 모두 초래하는 공통 원인인 것이다. 이로 인해 흡연이 실제로 폐암의 원인이 아니지만 공통 원인인 특정 유전자 때문에 흡연과 폐암은 강한 긍정 상관을 갖게 되고, 흡연이 마치 폐암의 원인처럼 나타날 수 있다〔Pr(폐암 | 흡연) > Pr(폐암 | ¬흡연)〕. 여기서 특정 유전자는 흡연에 독립적이고, 폐암에 원인 효과로서 관련된 요인이다. 이 요인을 배경 조건으로 고정하게 되면, 흡연은 폐암에 더 이상 원인 효과를 갖지 않는 것으로 나타난다〔Pr(폐암 | 흡연 & 유전자) = Pr(폐암 | ¬흡연 & 유전자)〕.

집단 수준의 인과에 대한 확률 이론에 제기되는 흥미로운 문제들이 있다. 담뱃갑에는 과도한 흡연이 폐암의 위험을 높인다는 경고 문구가 적혀 있다. 그런데 인과에 대한 확률 이론에 따르면, 집단과 배경 조건에 따라 흡연은 폐암을 유발하는 긍정적 요인이 될 수도 있고 그렇지 않을 수도 있다. 이미 보았듯이 어떤 집단을 상대하는지에 따라, 또는 한 집단의 어떤 속성을 상대하는지에 따라, 다시 말해 어떤 배경 조건을 상대하는지에 따라 흡연은 폐암의 긍정 요인이 될 수도 있고 부정 요인이나 무관한 요인이 될 수도 있다. 그러나 담뱃갑에 쓰여 있는 경고 문구는 모든 배경 조건에 상대하여 평균화된 폐암에 대한 흡연의 긍정 원인 효과를 말하고 있다.

인과에 대한 확률 이론에 따르면, 그렇게 모든 배경 조건을 상대할 때 흡연은 폐암의 긍정 원인 요인이 아니라 혼재된 원인 요인이라 말해야 할 것이다. 현실 세계에서 흡연이 모든 배경 조건에 있어 일치된 원인 효과를 가진다고 볼 수는 없을 것이다. 그렇다면 현실 속 어떠한 원인 요인이든 혼재된 원인 요인이 아닌 경우는 없을 것이다. 일상에서 우리가 말하는 '원인'은 찾아볼 수 없게 된다. 더 나아가, 우리에게 가능한 모든 배경 조건을 구체화할 수가 없고, 이들 배경 조건 중 우리가 어디에 위치하는지도 알 수 없다고 해보자. 그렇게 된다면 배경 조건에 상대하여 원인 효과를 평가하는 인과에 대한 확률 이론은 흡연에 대한 경고를 무의미하게 만들 것이다 (Hausman, 2010).

일반화된 인과 주장은 우리의 의사결정에 영향을 주며, 우리를 올바른 판단으로 이끄는 역할을 해야 한다. 그러나 인과에 대한 확률 이론에 따르면 그런 판단을 안내하기는 어려울 것 같다. 이러한 비판이 인과에 대한 확률 이론의 문제가 될지는 여전히 쟁점이 되고 있다(김준성, 2012).

4. 인과에 대한 개입(조종) 이론

인과에 대한 연구는 크게 두 가지로 구분할 수 있다. 우선, 인과 개념에 대한 해명이다. 인과에 대한 해명은 철학, 특별히 형이상학의 주된 연구 문제였다. 다른 하나는 경험 데이터에서 인과를 추론하는 방법을 연구하는 것이다. 이는 통계학의 주된 탐구 대상이다. 최근의 연구에서는 이들 구분된 두 연구 분야가 융합하는 모습을 보여주고 있다. 두 연구 분야가 서로 간에 상보적이고 상호 발전하는 결과를 보여주는 것은 흥미로운 일이며, 앞으로 인과에 대한 연구에 더 큰 발전을 기대하게 만든다. 인과 이론에서 학문 간 융합을 잘 보여주는 연구가 바로 조종manipulation 인과 이론이다(Menzies & Price, 1993; Woodward, 2003).

조종 인과 이론에 따르면, 원인으로서 요인, 변수, 사건에 대한 조종은 결과로서 요인, 변수, 사건에 대한 조종이 된다. 하나의 요인, 변수, 사건을 변화하게 하는 것은 또 다른 요인, 변수, 사건을 변화하게 하는 것이다(Cook & Campbell, 1979). 이 이론의 특성상 피할 수 없는 문제와 그 문제에 대한 비판, 그 비판에 대한 응답의 과정에서 조종 인과 이론은 발전을 거듭하였다. 특히, 조종 대신에 개입intervention 개념이 도입되고 개입의 조건들이 구체화되면서 인과 모형 이론 등 통계적 추론에서 개입 인과 이론의 역할은 더 커졌다.

조종 인과 이론의 문제는 '조종'의 의미가 무엇인지 분명하지 않다는 데에서 나온다. 우선, 조종의 주체가 무엇인지 분명하지 않다. 물론 조종 그 자체만을 가리키고, 조종의 주체가 무엇인지를 확인할 필요는 없다. 그렇다면 무엇이 조종을 초래하였는지를 묻게 될 것이고, 그 무엇에 상응하는 원인 개념이 다시 필요하게 된다. 결국 조종을 인과와 무관한 또 다른 개념으로 정의(환원)[1]하는 것은 어렵게 된다. 조종 개념에

1 정의(definition)와 환원(reduction)의 관계는 다음과 같다. 물을 H_2O, 즉 수소 원자 2개와 산소 원자 1개의 화학적 결합으로 정의하는 것은, 물을 그 화학적 결합으로 환원하는 것이다. 따라서 환원적 정의를 따를 때, 환원하는 새로운 개념은 환원되는 기존 개념을 대체할 수 있게 된다.

대한 정의는 다시 인과에 관한 개념에 의존하는 순환 문제에 부딪힌다. 원인으로서 변수를 조종하려면 우리는 그 변수의 값에 변화를 초래해야 하는데, 여기서 '초래한다'는 표현만 다를 뿐 원인 개념에 의존하는 것이다.

조종 인과 이론을 지지하는 학자들은 이 문제를 해결하기 위해 인과와 무관한 또 다른 개념으로 조종 개념을 해명하고, 그 개념으로 조종 인과 이론을 논리적으로 엄밀하게 형식화하려 했다. 우드워드J. Woodward는 조종 대신 개입 개념을 도입하여 원인 개념을 해명하기 위한 조건들을 제시한다(Woodward, 2003). 개입 인과 이론에 따르면, 변수 X에 대한 개입 I는 항상 또 다른 변수 Y와 관련하여 정의된다. Y와 관련하여 X에 대한 개입 개념을 사용하는 의도는 X가 Y의 원인임을 보여주려는 것이다. 개입 I는 다음 조건을 충족해야 한다.

- I는 X의 유일한 원인이어야 한다. 다시 말해, 개입은 X와 그것에 앞선 원인들 간의 인과관계를 완전히 차단해야 한다. 따라서 X의 값은 I에 의해서만 결정된다.
- I는 X를 통하지 않는 경로를 통해 Y를 직접 초래해서는 안 된다.

- I는 X를 통하지 않는 경로를 통해 Y에 영향을 주는 어떠한 원인에 의해서도 초래되어서는 안 된다.
- I는 I로부터 X를 통해 Y로 향하는 경로에 있는 원인을 제외하고는, Y의 어떠한 원인에 대해서든 그 원인이 갖는 값은 변화시키지 않고 그대로 둔다.

개입 인과 이론의 문제에 대한 논쟁(김준성, 2019a; 2019c; 2020)은 여기서 논의하지 않겠다. 주목해야 할 것은, 개입 인과 이론이 인과 모형 이론에서 핵심 역할을 한다는 것이다. 다음 3장에서 소개할 인과 모형 이론에서 개입 인과 이론이 어떻게 중요한 역할을 하는지 보자.

3장

인과 모형 이론의 발전

대부분의 철학자들은 인과 개념을 해명하고 그 해명을 위한 이론을 제시하고 발전시키는 데에 그들의 관심을 집중하였다. 다른 한편으로, 통계학자들은 인과 개념에 대한 해명보다는 통계적 관계에서 인과의 관계를 추론하는 데에 그들의 관심을 모았다. 물론 철학자들 가운데 밀은 인과 개념에 대한 해명과 인과 추론 모두에서 성과를 보여주었다. 인과에 대한 흄과 밀의 연구 이후로 이들 연구의 전통은 현대에도 계속 이어졌다. 필요조건과 충분조건, 반사실적 의존관계, 인과 과정, 확률의 관계로 인과를 해명하려는 철학의 연구가 계속되었다.

매키의 'INUS 이론', 라이헨바흐, 수피스, 굿의 인과에 대한 '확률 이론', 루이스의 인과에 대한 '반사실적 이론', '인과 과정 이론', '조종(개입) 이론'이 인과를 해명하는 철학적 이론의 흐름을 주도하였다. 다른 한편으로, 인과 추론에 대한 연구는 통계학 발전과 함께 지속되었다. 피셔의 '무작위 대조 실험'(Fisher, 1937), 라이트의 '경로 분석'(Wright, 1921), 제프리스H. Jeffreys의 '베이즈Bayes 이론'(Jeffreys, 1973) 등은 통계학의 선구적 이론으로, 이후 통계학에서 인과 추론 이론 발전을 위한 도약대가 된다. 인과에 대한 베이즈 이론, 그레인저Granger 인과 이론, 구조방정식 모형 이론, 네이만-루빈Neyman-Rubin(또는 잠재 결과potential outcome) 인과 모형 이론(Rubin, 2005)은 대표적인 인과 추론 이론이다.

현대 통계학의 체계와 응용이 일반화되면서 상관관계에 토대한 통계적 해석과 기법이 주류가 되었다. 인과는 일종의 장식용 개념처럼 인식되는 경향도 있었다. 인과와 관련하여 철학자와 통계학자의 연구 방향이 만나는 주목할 만한 접점은 없었다. 그러나 1980년대 후반 이후, 인과와 관련하여 과학과 통계에 대한 과학철학자의 관심과 철학에 대한 경험과학자의 관심이 맞닿는 계기들이 발생한다. 흥미로운 점은 인과 추론에 대한 과학적, 통계적 이론의 발전 과정에서 과학자와 통계학자들이 인과에 대한 철학적 이론에 주목했다는 것이다.

과학자와 통계학자들이 인과에 대한 철학적 이론에 관심을 갖는 것은 자연스러운 결과라 볼 수 있다. 통계적 자료에서 인과를 추론하려면 인과 개념을 전제해야 한다. 그런데 전제하는 인과 개념이 개념적, 논리적으로 엄밀하지 않았다. 개념은 이론의 토대이다. 토대로서의 개념이 명료하지 않고 엄밀하지 않다면, 그런 느슨한 개념을 전제하는 이론 체계가 흔들리는 것은 당연한 일이다. 실제로 과학자와 통계학자들이 인과에 대한 철학적 이론에 관심을 갖게 된 이유가 바로 인과에 대한 철학적 분석이 그들의 통계적 방법을 개선하는 데에 기여할 수 있다는 통찰에 있었다. 그러나 과학과 통계학이 인과에 대해 갖는 관심은 선별적이었다. 인과에 대한 반사실적 이론이나 조종(개입) 이론에 대한 관심은 컸고 그 응용이 활발히 이루어졌지만, 인과에 대한 확률 이론을 향한 관심은 상대적으로 적었고 그에 대해 비판적이었다.

1980년대 후반 이후로 철학과 통계학의 접점으로 인해 인과 추론의 방법이 발전한다. 그 발전에는 두 가지 흐름이 있다. 하나는 컴퓨터과학의 인공지능 알고리즘을 발전시키는 과정에서 인과와 인과 추론의 필요성 때문에 인과에 대한 철학적 이론을 도입한 것이다. 다른 하나는 경험과학에서 인과 개념의 중요성을 전제하고 통계적 상관관계로부터 인과를 기계적으로 추론할 형식화된 방법을 연구한 것이다. 경험적으로 유의미한 인과 이론을 제시하는 것이다. 전자前者에 관한 연구는 미국 캘리포니아대UCLA 컴퓨터공학과의 퍼얼 교수가 주도하였다. 퍼얼은 컴퓨터과학의 노벨상인 튜링상을 수상한 석학이며, 불확실성 추론에 토대한 인공지능 이론이 발전하는 데 큰 기여를 하였다. 후자에 관한 연구는 카네기멜론대 철학과의 스퍼츠, 글리모어, 샤이네스 교수(이하 SGS)가 주도하였다.

인과 추론에 대한 두 방향의 연구 성과 모두 경험 데이터와 상관관계에서 인과를 기계적으로 추정(추론)하기 위한 알고리즘을 발전시켰다. 이론을 구성하는 요소들 중 어떤 것에 더 주목하고 강조하는지에 따라 차이가 있을 뿐이다. 퍼얼은 인과를 토대로 인공지능의 능력을 개선하고, 그 능력을 다양한 영역에 응용하는 데에 중점을 둔다. SGS는 상관관계에서 인과를 기계적으로 추론할 수 있는 형식화된 방법을 설계하고, 그 방법을 다양한 영역에 응용하는 데에 중점을 둔다.

이들 두 연구에서 주목해야 할 공통점은 이론의 핵심으로 삼고 있는 조건(원리)과 방법이다. 두 이론은 인과 모형에 대한 이론이라는 큰 틀에서는 사실상 차이가 없다. 핵심 조건과 방법을 어떻게 발전시키고 응용하는지, 그리고 어떻게 정당화하는지에 따라 다를 뿐이다. 두 이론 모두에서 확률의 관계와 그 관계를 재현하는 인과 다이어그램diagram이 중요하다. 확률의 관계와 인과 다이어그램의 관계, 그리고 이들 관계의 연결은 인과를 해명하고 추론하는 데에 매우 중요하다. 퍼얼의 이론과 SGS 이론 모두에서 변수에 대한 개입 개념 또한 중요하다. 퍼얼은 인과에 대한 반사실적 의존관계에 주목하고, SGS는 인과에 대한 확률의 조건에 주목한다.

퍼얼과 SGS가 논의하는 문제들은 새로운 것이 아니라 기존에 계속 논의되었던 문제들이다. 통계적 상관성에서 인과를 추론하기, 주어진 데이터를 토대로 인과를 예측하기, 인과 개념을 다른 개념으로 해명하거나 정의하기, 허위 상관관계와 인과의 관계를 구분하기 등 대부분 이미 논의되고 쟁점이 되었던 문제들이다. 퍼얼과 SGS는 이들 문제에 대한 더 나은 답을 찾고자 한다. 이들은 수학적, 통계적 개념과 모형에 인과에 대한 형이상학적, 개념적 분석을 응용하여 문제를 해결하고자 한다.

퍼얼과 SGS가 인과 모형을 발전시키는 데에 가지고 있었던 중요한 통찰은, 인과를 추론하기 위해선 통계적 관계만으로는 충분하지 않다는 것이다. 이들은 인과 개념과 이에 대한 철학적 논의 및 이론이 중요하고 유용한 역할을 하는 것에 주목한다. 실제로 빅데이터 환경에서 주어지는 방대한 분량의 데이터를 활용하고, 이를 효율적으로 처리할 알고리즘을 개발하는 데에 인과에 대한 철학적(개념적) 논의가 유의미한 역할을 한다.

인과 모형에 대한 퍼얼과 SGS의 연구가 공통으로 전제하는 문제가 무엇인지, 이 문제를 해결하기 위한 조건과 형식화된 모형에는 어떤 것들이 있으며 모형을 일반화하는 데 필요한 인과에 대한 철학적 논의에는 무엇이 있는지 차례로 살펴보자. 이들 이론의 전제 조건과 형식화된 모형은 인과적 추론에 대한 통계 이론들의 성과에 의존한다. 특히 두 가지 이론이 중요하다. 하나는 구조방정식 모형이고, 다른 하나는 베이즈 이론이다. 두 이론의 어떤 요소들이 인과 모형 이론을 형성하게 되는지 보자.

1. 인과 모형을 위한 구조방정식의 요소: 변수와 DAG

구조방정식 모형Structural Equation Model (이하 SEM) 은 인과 추론을 위한 전통적인 통계 추론의 이론들이 결합한 결과물이다. 구조방정식 모형은 경로분석,[1] 요인분석,[2] 회귀분석[3]의 결합으로, 이들 분석의 장점을 하나의 체계로 발전시킨 것이다. 이들 세 가지 분석은 변수들 간의 관계로 인과를 설명하고 예측한다는 점에서 유사하지만, 변수들과 이들의 관계에서 무엇을 강조하는지에 따라 차이가 있다. 이 분석들은 통계 자료에서 인과를 추론한다는 공통점을 갖지만, 경로분석에서는 변수들 간의 연결 경로에, 요인분석에서는 변수들의 구성 방

1 경로분석(path analysis)은 독립 변수가 종속 변수에 미치는 영향력과 특정 종속 변수가 다른 종속 변수에 미치는 영향력을 동시에 분석하는 방법이다.

2 요인분석(factor analysis)은 변수들 간의 상관관계를 고려하여 저변에 내재된 개념인 요인들을 추출해 내는 분석 방법이다. 다시 말해, 변수들 간의 상관관계를 고려하여 서로 유사한 변수들로 묶어주는 방법으로, 많은 변수로 구성된 데이터가 몇 개의 요인에 의해 영향을 받는지를 알아보는 것이다.

3 회귀분석(regression analysis)은 변수들 간의 관계를 파악하여, 종속 변수의 값을 하나 이상의 독립 변수의 값으로 설명하고 예측하는 것이다.

식에, 회귀분석에서는 변수들의 관계에 초점을 둔다.

일반화된 구조방정식은 $y = f(x, \varepsilon)$ 이다. x는 독립 변수, y는 종속 변수, ε은 오차항error terms이다. 구조방정식 함수는 다음과 같은 회귀식이다. $Y = \alpha + \beta X + \varepsilon$ (α, β는 공변, X는 독립 변수, Y는 종속 변수, ε은 오차항). 공변coefficients α, β의 값은 X, Y의 공분산covariance으로 계산된다. 분산variance은 통계량들(통계 데이터)이 평균에서 떨어진 정도를 가리킨다. 따라서 공분산이란 X, Y 모두에 대한 분산을 가리킨다. 공분산의 값은 X, Y의 상관도를 나타내는 상관계수가 된다.

인과 구조를 확인하고 정확히 재현하는 데에는 형식화된 인과 모형이 필요하다. 형식화를 위한 요소들은 변수들과 변수들 간의 등식으로서 함수 관계로 나타내진다. 변수는 기본적으로 독립independent 또는 외생exogeneous 변수, 종속dependent 또는 내생endogeneous 변수, 그리고 매개intermediate 변수로 구분된다. 이 변수들은 사건과 요인 모두를 포괄하거나, 이들 모두에 중립적인 인과항causal relata이 된다. 인과항이란 '… 이 … 을 초래(야기) 했다', 또는 '… 이 … 의 원인(역할, 영향, 효과) 이다'에서 빈칸 '…'을 가리킨다. 독립 변수가 첫 번째 빈칸, 즉 원인항에 상응하고, 종속 변수가 두 번째 빈칸, 즉 결과항에 상응한다. 이들 변수는 인과항들의 관계를 함수 관계로 재현한다. 인과 모형 이론의 함수 관계는 구조방정식의 함수 관계에 대한 인과적 해석이다.

인과 모형의 식式은 DAGDirected Acyclic Graph〔댁〕이라 부르는 일방향 인과 그래프로 표현된다. 변수들은 DAG에서 노드nodes로 표현된다. 한 변수에서 또 다른 변수로의 (원인에서 결과의 방향을 의미하는) 일방향asymmetric 관계는 화살표로 표현된다. DAG의 기본 유형은 다음과 같다.

$$X \rightarrow Y$$

$$X \rightarrow W \rightarrow Y$$

$$X \leftarrow W \rightarrow Y$$

$$X \rightarrow W \leftarrow Y$$

(W: 매개 변수)

인과 모형의 등식에서 변수들 간의 관계를 DAG으로 표현하면 다음과 같다(간명한 이해를 위해 각 식에서 오차항 ε은 생략하였다).

$$Y = aX + cZ$$

$$Z = bX$$

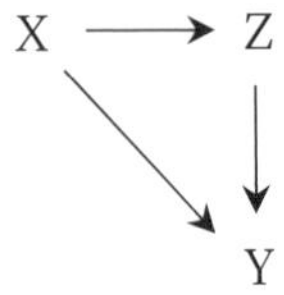

2. 인과 모형을 위한 베이즈 이론의 요소: 베이즈 망과 확률적 독립성

베이즈주의Bayesian, 또는 베이즈 이론은 영국의 학자 토머스 베이즈Thomas Bayes가 제시한 확률에 대한 이론(Bayes, 1763)이다. 베이즈 이론은 통계학 분야에서 비주류, 혹은 이단아 취급을 받았다. 베이즈 이론을 따르는 진영과 그 이론에 반대하는 진영의 논쟁과 대립은 상당하였다.

베이즈 이론에 제기되는 가장 큰 문제점은 확률에 대한 해석에 있다. 일반적으로 확률은 사건들 간의 관계로 이해된다. 예를 들어, 동전을 던지는 사건이 주어질 때 앞면이 나올 사건의 확률은 두 사건 간의 객관적인 관계로 이해된다. 그러나 베이즈 이론에 따르면 확률에 대한 해석은 주관적이다. 확률은 사건의 진술에 대한 우리의 믿음을 의미한다. 예를 들어 기압이 떨어진다는 사건에 대한 우리의 믿음, 비가 온다는 사건에 대한 우리의 믿음이 있다고 하자. 이때 기압이 떨어질 경우에 비가 올 확률은 두 사건의 진술에 대한 우리의 믿음들의 관계가 된다. 확률의 공리를 따를 때 베이즈 정리Bayes' theorem의 단순한 형식은 다음과 같다.

$$\Pr(B \mid A) = \frac{\Pr(B)\ \Pr(A \mid B)}{\Pr(A)}$$

베이즈 정리는 문장 A, B에 대한 주관적 확률인 사전prior 확률 Pr(A), Pr(B)에 우도尤度, likelihood Pr(A | B)를 곱한 관계로서 사후posterior 확률 Pr(B | A)이다.

베이즈 이론에 대한 비판자들은 주관적 확률인 사전 확률 Pr(A), Pr(B)에 문제를 제기한다. 우리 각자가 문장 A, B에 부여할 확률은 얼마든지 다를 수 있다. 그렇다면 확률의 값을 정의할 수 없는 것이다. 물론 베이즈주의자들은 여러 방식으

로 그 문제에 답을 한다. 예를 들어 확률의 값을 얻기 위한 실험이 주어질 때, 그 실험의 계속된 반복으로 주관적 확률의 차이가 사라짐을 수학적으로 증명한다. 여기서 우도가 중요한 역할을 한다. 베이즈 정리에서 우도 Pr(A | B)는 객관적 값을 가진다. 우도는 B가 참인 경우에 A에 대한 확률이다. 동전을 던졌을 때 동전의 앞면이 나올 확률이 2분의 1이란 진술 B가 참이라 하자. 진술 A는 동전을 2번 던졌을 때 앞면이 나올 확률을 가리킨다. 진술 B가 참인 경우에 진술 A의 확률이 무엇인지 묻는다면 누구나 그 확률은 4분의 1이라 답할 것이다.

베이즈 이론에 대한 논쟁은 여전히 진행 중이다. 그러나 베이즈 이론은 현재까지 큰 주목을 받아 왔고, 앞으로도 다양한 분야에서 유용하게 쓰일 것이다. 이는 베이즈 이론이 보여준 놀라운 성공과 성과 때문인데, 베이즈 이론은 통계학이나 경제학 등 통계적 방법을 사용하는 다양한 분야에서 성공적인 결과를 보여주었고, 특히 오늘날 기계학습 인공지능의 알고리즘에서 주도적인 역할을 하고 있다. 이제는 베이즈 이론에 대한 논쟁이 무의미한 것처럼 보일 수도 있다.

인과와 관련하여 베이즈 이론에서 우리가 주목해야 할 것은, 베이즈 정리로 역추론inverse inferences에 대한 수학적 형식화를 제시한다는 것이다. 역추론의 사례는 일상에서 자주 볼 수 있다. 범죄 현장에서 범죄의 단서가 될 담배꽁초를 발견했을 때, 그 증거를 토대로 범죄자가 흡연을 하였을 것이라는 가설을 추론할 수 있다. 담배꽁초가 주어졌다는 결과 사건으로부터 범인이 흡연자라는 원인 사건을 추론한 것이다. 베이즈 정리로 원인과 결과의 관계를 보여줄 수 있게 된다. 이에 따라 여러 변수의 관계를 베이즈 정리로 해명할 수 있고, 이들 관계는 하나의 망net을 형성하게 된다. 그 망을 베이즈 망Bayes net이라 부른다.

컴퓨터과학자 퍼얼은 초기에 베이즈 확률과 베이즈 망을 활용하여 불확실성 추론에 토대한 인공지능 기계학습의 알고리즘을 개발하였다. 그러나 이후, 베이즈 망이 중요하지만 그것만으로 충분하지 않다고 판단한다. 퍼얼은 불확실성 추론으로 인공지능의 알고리즘을 생성할 때 인과 개념이 필요하다고 통찰하였다. 기계학습 인공지능의 성공에 인과 개념이 중요한 역할을 한다고 본 것이다. 베이즈 망이 갖는 가장 큰 장점은 변수들 간의 관계를 시각적으로 제시할 수 있다는 것이다. 따라서 변수들 간의 인과관계도 시각화된 베이즈 망으로 보여줄 수 있다.

베이즈 망에서 중요한 개념은 d-분리d-separation이다. 여기서 d가 가리키는 것은 방향direction, 또는 의존dependence이다. 따라서 d-분리는 방향이나 의존관계를 차단하거나 끊는 것이다. d-분리는 확률의 조건부 독립성을 보여준다. 확률의 조건부 독립성, 또는 확률적 독립성은 Pr(B | A) = Pr(B)로 나타낼 수 있다. 이때 A가 주어질 때 B의 확률 Pr(B | A)는 Pr(B)와 달라지지 않는다. Pr(B | A & C) = Pr(B | A)도 확률적 독립성이다. A에 C가 추가되는 것으로, 이때 Pr(B | A & C)는 Pr(B | A)와 달라지지 않는다. 이 경우를 베이즈 망으로 표현하면 다음과 같다.

C → A → B

또는, C ← A → B

A는 B를 C로부터 확률적으로 독립된 관계로 만든다.[4] 베

4 나이브 베이즈 망(naive Bayes net)은 d-분리를 통하여 변수들 간의 연결을 인과의 관계로 보여줄 수 있을 뿐 아니라, 확률의 값을 효율적으로 계산할 수 있게 해준다.

이즈 망의 d-분리와 확률적 독립성의 관계는 다음 절에서 소개할 인과 모형 이론의 마르코프 조건, 충실성 조건에서 핵심적인 역할을 한다.

3. 인과 모형 이론: 퍼얼의 구조 인과 모형과 SGS의 PC 이론을 중심으로

통계학자들은 구조방정식이 인과에 대한 표현이 되기를 의도한다. 그러나 구조방정식은, 방정식이란 등식이 가리키듯이 그 자체만으로는 쌍방향symmetric 구조이다. 원인이 시간상으로 결과에 앞서는, 또는 원인에서 결과로만 향하는 일방향 관계를 재현하지는 않는다. 통계학의 인과 추론에서 가장 큰 문제는 통계적 상관에서 인과의 방향성을 찾는 것이다. 구조방정식이라는 형식화된 모형으로 인과의 방향성을 보여주려면 형식화에 대한 어떤 해석이 필요하다. 그리고 그 해석은 인과에 대한 엄밀한 개념을 필요로 한다. 통계적 개념만으로는 그러한 해석을 수행하기 어렵다. 구조방정식 모형에 주목한 퍼얼과 SGS는 인과의 방향성을 보여주기 위한 해석을 인과에 대한 철학적 논의와 확률의 이론에서 찾았다.

구조방정식 모형을 인과에 대한 이론으로 발전시킬 수 있다는 데 주목한 학자들은 구조방정식의 형식화를 인과 개념으로 해석할 수 있는 방안을 찾았다(Hitchcock, 2001a; 2001b; 2018). 그들은 인과로 해석할 수 있는 조건과 개념을 구조방정식에 부여하였고, 그 결과로 인과 모형 이론을 발전시켰다. 그러한 해석은 마르코프 조건과 충실성faithful 조건에 의해 주어진다.

이들 조건에 상응하는 인과 구조를 시각적으로 재현하는 데에는 일방향 인과 그래프 DAG을 도입한다. 이 용어가 의미하는 바와 같이 DAG은 원인과 결과가 서로 순환하지 않고, 원인에서 결과로 한 방향으로만 연결된 변수들의 관계를 표현한다. 마르코프 조건과 충실성 조건으로 인과 구조를 확인하는 것은 DAG을 매개로 가능하게 된다. DAG은 베이즈주의나 베이지안으로도 불리는 베이즈 이론에 토대한다. DAG은 베이즈 이론의 베이즈 망을 인과 모형에 도입한 결과물이다. 정리하면, 인과 모형은 회귀분석, 상관분석, 요인분석, 경로분석이 결합된 구조방정식 모형에 베이즈 이론의 지원까지 추가된 융합형 이론으로 볼 수 있다.

인과 모형의 기본 형식화는 구조방정식 모형의 방정식(등식)이다. 여기서 인과 모형의 등식이 구조방정식 모형의 등식과 무엇이 다른 것인지 물을 수 있다. 등식에서 변수들 간의 관계에 대해 매우 중요한 해석의 차이가 있다. 구조방정식에서 변수들의 관계는 인과관계로 해석하지만, 이들 변수의 관계가 어떻게 인과의 관계가 되는지를 정확히 설명하지는 않는다. 인과 개념에 대한 일반적 설명을 그대로 전제할 뿐이다. 구조방정식의 변수들의 관계를 어떻게 인과의 관계로 해석할 수 있는지는 의문으로 남는다. 예를 들어 독립 변수는 원인 요인으로, 종속 변수는 결과 요인으로 볼 수 있는데, 왜 그렇게 보아야 하는지에 대한 설명은 충분하지 않다. 변수들 간에 상관의 관계가 있는데, 여기에 원인에서 결과로의 방향성, 또는 원인이 결과에 앞서는 시간적 우선성이 추가된다고 말할 뿐이다.

인과 모형을 발전시킨 학자들은 인과 모형 등식(함수)의 변수들의 관계로 인과에 대한 의문들에 적극적으로 답하고자 한다. 이들은 그 답을 토대로 인과 추론의 방법을 제시하고, 인과 개념을 해명하는 이론으로 발전시킨다. 또한 인과에 대한 형이상학적, 개념적 문제들을 해결하는 이론으로도 응용한다. 이처럼 인과에 대한 다양한 시도를 한다는 의미에서 인과 모형을 상당히 대담한 이론으로 볼 수 있다.

인과 모형에서는 독립 변수와 종속 변수의 관계를 인과관계로 해석한다. 그 점에서는 인과 모형과 구조방정식 모형의 차이가 없다. 변수들의 관계와 관련하여, 인과 모형을 구조방정식 모형과 구분되게 하는 것이 무엇인가? 이에 대해 세 가지로 답할 수 있다. 첫째, 인과 모형 이론은 조종, 또는 개입으로서 인과 개념을 도입한다. 인과 모형 이론에 철학의 이론인 개입 인과 이론이 관련된다. 둘째, 반사실적 의존관계로서 인과이다. 철학의 이론인 인과에 대한 반사실적 이론이 중요한 역할을 하는 것임을 알 수 있다. 셋째, 변수들의 인과관계를 확률의 관계로 해명하는 조건에 주목한다. 이에 따라 인과에 대한 확률 이론이 큰 의미를 갖게 된다. 이들 요소를 차례로 살펴보자.

1) 통계에서 인과에 대한 철학적 개념의 역할: 개입(조종)과 반사실적 조건

구조방정식이나 베이즈 확률 관계에서 인과의 일방성을 어떻게 보여줄 수 있는지, 또는 어떻게 해석할 수 있는지에 대해 답을 하는 것은 어려운 문제이다. 퍼얼은 불확실성 추론을 토대로 인공지능의 알고리즘을 연구하였고, 초반 연구의 핵심에는 베이즈 확률 이론이 있었다. 그러나 연구 과정 중 확률의 관계만으로는 인공지능이 인간처럼 추론하고 판단하는 데에 한계가 있다고 보았다. 인공지능이 인과에 대한 개념을 가질 때 인간의 추론과 판단에 근접할 수 있다고 판단한 그는, 인과를 인공지능 알고리즘의 가장 중요한 전제로 도입하게 된다. 퍼얼은 라이트의 경로분석에서 발전된 구조방정식 모형의 성과에 주목하였다. 그러나 퍼얼은 구조방정식 변수들의 통계적 관계만으로는 인과 개념을 충분히 표현할 수 없다고 보았다. 일반적으로 구조방정식 이론에서는 인과에 대한 주요 개념들을 전제하지만, 이 개념들로부터 귀결되는 인과의 어려운 문제들에 대해서는 답을 하지 않고 어려운 철학적 과제로 남길 뿐이다. 퍼얼은 그 어려운 과제에 도전한다.

퍼얼은 자신의 인과 모형을 구조 인과 모형Structural Causal Modelling(이하 SCM)이라 부른다(Pearl, 2000). 구조 인과 모형은 구조방정식, 베이즈 확률, 인과에 대한 철학적 개념과 분석의 결합물이라 볼 수 있다. 또한 구조방정식과 베이즈 확률이란 통계적 관계를 철학적 개념으로 해석하였다고 볼 수 있다. 그 해석을 위하여 퍼얼은 인과에 관한 개념을 도입하거나 고안한다. 그 개념이 바로 '개입', 'do-연산자do-operator', 'do-연산do-operation', '반사실적 조건'(반사실적 의존관계)이다.

퍼얼은 개입 개념을 자신의 SCM 이론을 위해 응용한다. 변수의 원인 효과를 보여줄 개입 개념은 인과의 필연성과 일방향성을 보여줄 반사실적 의존관계와 연결된다. 퍼얼은 반사실적 관계가 변수들의 관계를 인과관계로 해석하는 데에 있어 핵심 개념이라 보았고, 개입 개념을 뒷받침할 개념으로 주목한다(퍼얼과 달리 SGS는 반사실적 관계에 크게 주목하지 않는 것 같다). 개입은 앞서 2장에서 소개한 인과에 대한 개입(조종) 이론에서의 개입과 같은 것이다. 인과에 대한 개입 이론에 따르면, 어떤 변수 X가 있을 때 이 변수에 개입하는 개입자(조종자)로서 변수 I가 또 다른 변수 Y에 변화를 초래하거나 영향을 준다면, X를 Y의 원인으로 해명하게 된다.

퍼얼은 개입을 두 가지로 구분한다. 하나는 실제로 변수에 대한 개입을 실행하는 경우이고, 다른 하나는 잠재적으로 변수에 대한 개입을 실행하는 경우이다. 퍼얼은 첫 번째 유형의 개입은 do-연산자로, 두 번째 유형의 개입은 반사실적 의존 관계로 제시한다. 각 유형의 개입과 이들 둘의 차이와 의미를 보자.

첫 번째 유형의 개입으로서 do-연산자는 조건부 확률에서 조건에 변화를 주는 것이다. 조건부 확률 $P(Y = y \mid X = x)$는 X의 값이 x임을 관찰한 경우에 Y의 값이 y를 취할 확률을 가리킨다. 일반적으로, 경험적 연구에서 우리의 실제 관심은 X의 특정 값으로 x를 부여하는 데에 우리가 개입할 때 귀결될 Y의 값을 예측하는 데에 있다. 퍼얼은 그 확률을 특정하기 위하여 $P(Y = y \mid do(X = x))$를 소개한다(Pearl, 2009).[5] 개입 개념을 더 정확히 이해하기 위하여 개입을 관찰과 대조하여 보자.

변수가 취하는 값을 단지 관찰한다는 것은, 그 값이 우리의 인과 모형에서 재현되는 것처럼 결과로서 변수의 값에 관해

---

5 그런데 그 확률 표현에는 문제가 있다. 왜냐하면 $do(X = x)$는 확률 공간에 있는 사건은 아니기 때문이다. $P_{do(X=x)}(Y = y)$로 표기하는 것이 더 정확하다. 여기에서는 퍼얼의 개념을 그대로 따르자.

〈그림 3-1〉 개입에 따른 인과 구조의 차이

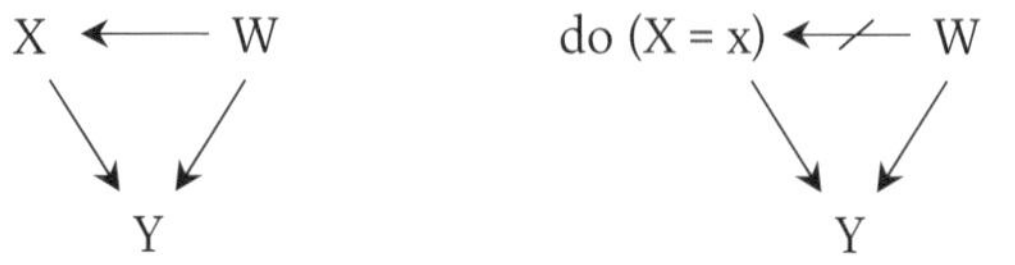

기존의 인과 구조　　　　X에 대한 개입이 일어난 경우

알게 되는 것이다. 변수의 값에 관한 정보는 그 값의 원인에 관한 정보와 이들 원인의 결과에 관한 정보를 우리에게 준다. 그러나 우리가 개입을 하게 된다면 기존의 인과 구조를 무시하게 되는 것이고, 따라서 기존의 인과 구조만으로는 갖지 못하였을 값을 변수가 갖게 하는 것이다. 일방향 인과 그래프DAG으로 표현하면, 개입을 당하는 변수가 있을 때 그 변수로 향하는 인과의 화살표를 제거하고 개입의 결과를 재현하게 된다. 다시 말해, 개입은 개입의 대상이 되는 변수로 향하는 인과 화살표를 깨는breaking 것이다(〈그림 3-1〉 참고). 구조방정식 모형의 관점에서 보면, X에 대한 등식으로 X = x로 구체화된 새로운 등식이 대치代置하여 X가 x를 갖게 하는 개입을 재현하게 된다.

두 번째 유형의 개입은 반사실적 조건(의존관계)으로서의 개입이다. 개입과 반사실적 조건 간에는 긴밀한 연결이 있다. 펄은 구조 인과 모형을, 더 정확히 말하면 변수들 간의 관계를 반사실적 조건으로 해명한다. 반사실적 조건문의 전건은 개입으로 실현된 상태처럼 간주된다. 그럼에도 펄은 do-연산자로 재현한 개입에 관한 주장을 반사실적 조건과 구분한다(Pearl, 2009). do-연산자로서의 개입과 반사실적 조건으로서의 개입 사이에는 중요한 인식의 차이가 있다.

do-연산자로서 개입은 지시적 조건문의 형식으로 이해한다. do-연산자가 가리키는 개입은 실제로 수행된 것이다. 개입의 경우에 우리는 $P(Y = y \mid X = x, do(Z = z))$와 같은 확률을 평가하는 데에 관심을 갖는다. 개입 $do(Z = z)$는 실제 세계에서 실행된 것으로 가정한다. 따라서 개입이 일어나는 같은 세계에서 다른 변수들이 (여기에서는 Z가) 취하는 값 $X = x$를 관찰하는 것으로 가정한다.

반면에 반사실적 의존관계로서 개입은 가정법 과거나 과거완료의 조건문 형식으로 가설적으로 개입하는 것이다. 우리는 실제 세계에서 다양한 변수의 값을 관찰하는데, 반사실적 조건의 경우에 이들 변수에는 어떠한 개입도 없다. 대신에 개입이 수행되었더라면 무엇이 발생하였을지 묻는 것이다. 우리가 관찰하였던 변수의 값은 반사실적 개입이 있는 가설적 세계에서는 다른 값들을 취할 수 있다.

이들 두 개입의 차이는 다음 사례로 이해할 수 있다. 병을 치료하는 약 처방에 대한 인과 모형이 있다고 가정하자. 투약 변수, 회복 여부 변수와 또 다른 변수 간에 인과관계가 가능하다. 그리고 약으로 특정 환자를 치료하는 데에 개입이 수행되었고, 그 환자는 회복하지 못한 것으로 관찰되었다고 하자. 그 경우에 다음을 질문할 수 있다. 개입과 관찰된 증거가 주어질 때 그 환자가 회복할 확률은? 질문의 답은 간명하다. '0'이다. 실제로 회복하지 못하였으므로 그 확률은 무의미한 것이 된다.

이번에는 반사실적 조건으로 앞서의 인과 모형을 다시 보자. 먼저, 환자가 병에서 회복하지 않은 것이 관찰되었다. 그렇다면 만약에 그 약 처방으로 치료가 되었더라면 그 환자가 회복하였을 확률은? 이 질문의 답은 무의미하지 않다. 그 답으로서 확률이 반드시 0이 되는 것은 아니다. 환자가 실제로 약 처방으로 치료를 받았음을 우리가 안다면, 그 환자에게 투약이 이루어졌어도 그 환자가 회복하지 못한 것으로 추론할 수 있다. 그러나 그 환자에게 투약이 있었는지를 우리가 모른다면, 그 환자가 회복하지 못하였다는 사실은 우리에게 일부 정보만을 준 것이다. 오히려 그 정보는 그 환자에게 실제로 투약이 이루어졌을 가능성을 매우 희박하게 만들 것이다. 그 환자가 투약으로 치료를 받아 회복하였을 확률을 결정하려면 우리는 이러한 모든 정보를 사용해야만 한다.

그렇다면 우리는 퍼얼에게 물을 수 있다. 첫 번째 개입으로서 do-연산자를 고려해야 하는 이유는 무엇인가? do-연산자가 인과 모형에서 어떤 특별한 역할을 하는 것인가? 우리가 일상에서 경험하는 것, 또는 경험과학의 일반적인 조작controlled 실험에서 이루어지는 것과 do-연산자는 무엇이 다른가? 이러한 질문들에 답하려면, 우선 인과 구조가 단순하지 않다는 것에 주목해야 한다. 사실상 인과의 모든 구조가 매우 복잡한 이유는 바로 혼재 변수와 그 변수와의 연결 때문이다.

혼재 변수가 초래하는 인과 구조의 복잡성과 다양성은 심슨 역설에서 충분히 보았다. 혼재 변수가 포함된 인과 구조가 주어졌을 때, 우리는 결과의 바로 그 원인을 어떻게 해명할 수 있는지 묻게 된다. 우리는 do-연산자와 조건부 확률에 대한 do-연산으로 그 물음에 답할 수 있다. 조건부 확률에 대한 do-연산은 앞서 보았던 확률적 독립성, 베이즈 망에서의 d-

분리, 다음에 논의할 마르코프 조건과 사실상 같다.

do-연산에서 유용한 것이 뒷문 기준backdoor criterion이다. do-연산은 원인 변수 X나 결과 변수 Y에, 또는 이들 모두에 영향을 주는 또 다른 변수 Z가 있을 때, X의 Y에 대한 원인 효과를 측정하며 Z가 X와 Y에 주는 원인 효과도 함께 고려하는 것이다. 그와 같은 변수 Z가 X의 자녀 변수가 아니면, 다시 말해 X가 Z의 부모 변수가[6] 아니면 뒷문 기준의 조건을 충족하게 된다. X의 Y에 대한 원인 효과를 평가할 때 Z를 함께 평가하는 것이 뒷문 조정backdoor adjustment이다.

〈그림 3-2〉의 인과 구조에서 Y에 대한 W의 원인 효과를 평가해 보자. X는 W의 자녀 변수가 아니고 W와 Y에 영향을 주는 변수이다. 뒷문 조건을 만족하는 변수이다. 이에 따라 Y에 대한 W의 원인 효과를 평가할 때, X가 W와 Y에 주는 영향을 함께 평가해야 한다.[7]

이번에는 Y에 대한 X의 원인 효과를 평가하자. W는 Y에

---

6 변수 P가 변수 Q의 직접 원인이 되는 P → Q이면, P는 Q의 부모 변수이고 Q는 P의 자녀 변수이다.

7 따라서 뒷문 조정의 결과는 다음과 같다. $Pr(Y \mid W) = Pr(X) Pr(Y \mid X) Pr(W \mid X) Pr(Y \mid X \ \& \ W)$

〈그림 3-2〉 뒷문 조건의 위반

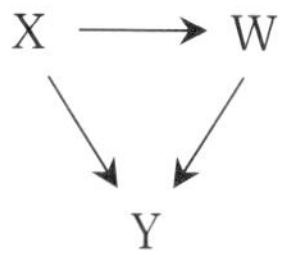

원인 영향을 주고 있다. 그러나 W는 X의 자녀 변수이다. 따라서 뒷문 조건을 위반한다. W를 함께 고려한다면 Y에 대한 X의 원인 효과를 온전히 평가할 수 없다. 왜냐하면 X의 자녀 변수인 W를 함께 고정해야 하는데, 그 경우에 W는 X에서 Y로의 원인 효과를 차단하게 된다. 앞서 인과의 이행성 문제에서 이미 확인한 내용이다.

뒷문 조건과 do-연산으로 원인 변수의 효과를 다음과 같이 정리할 수 있다. 변수 X와 Y 외에 또 다른 변수 Z를 고려하자. 첫째, Z는 X의 자녀 변수가 아니다. 둘째, X에서 Y로의 경로가 주어졌을 때 X로 향하는 경로의 모든 변수 W는 Z를 W와 X의 공통 원인으로 하지 않는다. 셋째, X와 Y의 공통 원인 변수는 Z의 자녀 변수가 아니다. 이 경우 X, Y의 경로에 대하여 Z를 유일한 혼재(인과 상호작용) 변수로 가리킨다. 따라서 X와 함께 Z를 조건화하여 Y에 대한 원인 효과를 평가해야 한다. 그 경우, $P(Y \mid do(X), Z) = P(Y \mid X, Z)$이다. 다시 말해, 이와 같이 적절히 조건화할 집합 Z를 발견할 수 있다면, X에 대한 실제 개입을 조건화한 확률은 X에 대한 관찰을 조건화한 확률과 같게 된다. 정리하면, 결과 변수가 혼재 변수와 연결되었을 때 원인 변수가 결과 변수에 대해 갖는 원인 효과를 확인할 수 있게 된다. 뒷문 기준과 do-연산의 의미와 중요성은 마르코프 조건과 충실성 조건에 대한 이해를 통해 더 분명히 확인할 수 있다.

2) SGS의 PC 이론: 마르코프 조건, 충실성 조건

SGS는 통계적 상관관계에서 인과관계를 기계적으로 추론하는 형식화된 알고리즘을 개발하는 데 집중하였다(SGS, 1993; 2000). 인과에 대한 퍼얼의 관심도 알고리즘을 개발하는 것에 있었다. 그 알고리즘은 불확실한 상황에서 인간처럼 사고할 수 있는 인공지능을 개발하는 데에 중점을 두고 있었다. SGS의 인과 모형 이론은 퍼얼의 인과 모형 이론과 유사한데, 그 유사성은 우연이 아니다. 퍼얼이 밝혔듯 인과에 대한 공통된 관심에 따른 논의가 계속된 결과이다. 퍼얼과 마찬가지로

SGS도 통계학에서의 인과 추론 성과들의 영향을 받았다.

SGS의 이론이 펄의 SCM과 일치하는 특성은 다음과 같다. 첫째, 베이즈 망에 토대한 인과 다이어그램DAG과 변수들의 확률적 관계를 이용하여 인과를 재현한다. 둘째, 구조방정식 모형에 토대한다. 셋째, 개입(조종) 개념을 도입하고 응용한다. SGS의 이론은 반사실적 의존관계에 대한 언급을 적극적으로 하지 않는 것처럼 보인다. 그 점에서 펄의 이론과 차이가 있다. SGS는 형이상학적 개념보다는 경험적으로 확인할 수 있는 개념에 토대하여 인과 추론의 방법을 제시한다. 철학적 비유를 한다면, 펄의 이론은 이성이나 형이상학적 원리를 전제하는 합리주의(이성주의)에 가깝다고 볼 수 있다. 반면에 SGS의 이론은 우리의 인식에서 경험적 의미나 경험적 검증만을 우선적으로 고려하는 경험주의에 가깝다고 볼 수 있다.

SGS는 인과 모형에서 마르코프 조건, 충실성 조건으로 인과 개념을 해명할 뿐 아니라, 이들 조건을 인과 추론을 위한 기본 원리로 제시한다. 마르코프 조건은 원래 확률 이론의 개념이다. 인과에 대해 비인과적 개념을 통한 수학적, 논리적인 형식화를 시도한 학자들은 마르코프 조건을 인과를 해명하는 데에 응용하였다.

인과 모형에서 마르코프 조건(가정)은 베이즈 이론에 토대한 가정이다. 베이즈 망에 있는 모든 노드에 대해 그 노드의 부모 노드가 주어졌을 때, 이들 노드는 그 노드의 비-자녀(자녀가 아닌) 노드로부터 조건적으로 독립적이다. 어떤 노드에 대해 그 노드의 부모 노드가 주어졌을 때 그 노드의 자녀가 아닌 노드와 어떤 관련도 맺지 않게 되는 것이다. 다시 말해, 어떤 노드는 그것의 마르코프 담요Markov blanket가 조건으로 주어질 때 전체 망으로부터 독립적이게 된다.

예를 들어, W→X→Y로 확인된 연결망에서 Y의 부모 노드 X가 주어질 때(다시 말해, Y에 대해 X를 조건화할 때) Y는 X의 자녀가 아닌 W와는 어떤 관계도 갖지 않게 된다. 확인되지 않았던 노드 V를 포함한 그 연결망의 실제 구조가 〈그림 3-3〉과 같다고 하자. Y에 대해 부모 노드 X가 주어질 때, Y는 V나 W와 어떤 관계도 갖지 않게 된다. 그 경우에 X는 마르코프 담요이다. 마르코프 담요로서 X는 Y를 V나 W가 포함된 연결망으로부터 독립된 것으로 만든다. 이에 따라 해당 노드들 간의 인과 구조를 밝힐 수 있고, 해당 노드들에서 한 노드가 또 다른 노드에 갖는 원인 효과도 평가할 수 있다.

마르코프 조건은 인과 마르코프 조건으로 확장될 수 있다.

〈그림 3-3〉 마르코프 담요

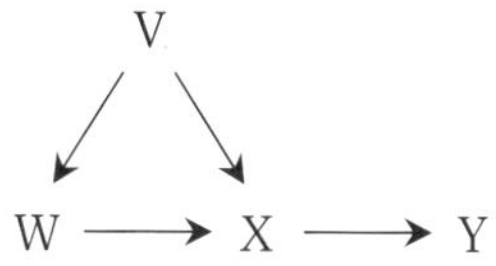

인과 마르코프 조건을 따르면, 어떤 노드는 그 노드의 모든 직접 원인의 집합을 조건화할 때 그 노드의 직접(가장 근접한) 원인이 아니거나 직접(가장 근접한) 결과인 모든 변수로부터 독립적이다. 베이즈 망으로 이루어진 네트워크의 구조가 인과를 엄밀히 기술한다면 마르코프 조건과 인과 마르코프 조건은 일치한다. 인과를 엄밀히 기술한다는 것은 각 노드에 대해 원인, 결과 개념을 지시하여 표현한다는 것이다. 다른 한편으로, 베이즈 네트워크는 인과에 대해 기술하지 않고 마르코프 조건을 엄밀하게 형식화할 수 있다. 그 경우에 마르코프 조건을 인과 마르코프 조건에 대한 형식화로 간주하면 안 된다.

인과에 대한 구조방정식을 다시 보자. 구조방정식의 변수들이 임의 변수random variables 또는 확률 변수가 되면, 구조방정식은 이들 임의 변수에 대한 확률 분포 함수식〔Xi = Pr(Xi의 부모, ε), ε는 오차항(변수)〕이 된다. 확률 분포 함수와 DAG

이 인과 구조를 재현하는 것은 확률(통계) 적 관계를 인과의 관계로 제약할 수 있는 조건들에 따른다. 이들 조건으로 인과 모형 이론과 통계적 관계로서 구조방정식 이론을 구분할 수 있다. 가장 핵심이 되는 조건은 마르코프 조건이다. 노드 V에 상응하는 임의 변수의 확률 분포가 DAG과 연결되는 경우에만 그 확률 분포와 DAG이 마르코프 조건을 충족한다.[8] 그 연결의 경우는 다음과 같다.

> 노드 집합 V의 모든 변수 X와 X의 자녀를 포함하지 않는 모든 변수 Y에 대해 X와 Y가 확률적으로 독립적인 DAG이면,
> Pr(X | 부모(X) & Y) = Pr(X | 부모(X)).

다시 말해, X와 Y가 확률적으로 독립적인 DAG이면, 변수 X에 대해 X의 부모 변수인 부모(X) 의 값이 주어질 때 (X의 자녀가 아닌) Y의 값은 X의 확률에 차이(변화)를 만들지 않는

---

8 마르코프 조건과 이후 소개할 충실성 조건에 추가하여 최소성(Minimality) 조건이 있다. 최소성 조건에 따르면, 마르코프 조건을 충족하는 DAG이 있다고 할 때 이것을 구성하는 어떤 하부 DAG도 마르코프 조건을 충족하지 않는다.

다. 이 조건이 인과 모형 내에서 의미하는 바는 다음과 같다. 부모(X)가 X의 원인이 되고 X가 Y의 원인이 아닌 DAG이면, 부모(X)가 주어질 때 X의 확률은 부모(X)와 (X의 자녀가 아닌) Y가 주어질 때 X의 확률과 같다는 것이다.

마르코프 조건을 충족하는 DAG과 확률 분포를 포함하는 인과 모형을 인과 베이즈 망이라 부른다. 인과 베이즈 망의 d-분리로 마르코프 조건을 제시할 수 있다. d-분리는 인과 베이즈 망에 변수 Z가 주어졌을 때, 변수 X가 변수 Y로부터 독립적인지를 결정하는 기준이다. 변수들 간의 의존성을 경로의 연결성과 결합하는 것이고, 변수들 간의 독립성을 경로의 비연결성, 또는 분리와 결합하는 것이다. 인과 마르코프 조건과 d-분리의 관계는 다음과 같다.

DAG에서 모든 변수가 d-분리되었다면,
이들 변수는 상응하는 확률 분포에서 조건부 독립적이다.

공통 원인을 포함한 인과 구조 〈그림 3-4〉는 마르코프 조건을 충족하는 것을 쉽게 알 수 있다. 여기에서 W는 X의 부모이고, Y는 X의 자녀가 아닌 변수이다.

〈그림 3-4〉 공통 원인을 포함한 인과 구조

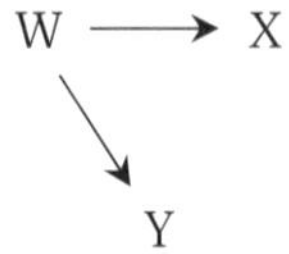

모든 이론이나 조건들이 그렇듯이 마르코프 조건도 반례와 문제를 피하지 못한다. 마르코프 조건의 반례는 변수들의 관계가 독립적인 DAG을 형성하지만, 이들 변수 간에 확률적 독립성이 없는 경우이다. 양자역학에서의 EPREinstein-Podolski-Rosen 실험이 대표적 반례이다. 실험실의 중앙에 발사기가 있는데, 그 발사기는 좌우 양쪽으로 동시에 광자photon를 쏜다. 그리고 이들 양쪽에는 광자를 받는 수용기가 있다(Cushing & McMullin, 1989). 양쪽 수용기 간에 직접적 인과 연결도 없고 양쪽 수용기가 함께 연결된 공통 원인이 없음에도, 양쪽 수용기의 광자 간에는 상관관계가 있다. 실제로 양쪽 수용기의 광자 간에 어떠한 인과적 연결이 없지만, 양쪽 수용기의 광자의 상태 간에는 확률적 의존관계가 성립하는 것이다. 실험의 구조를 DAG의 구조로 이해할 수 있다. DAG의 변수들은 연결되어 있지 않은데, 이들 변수의 확률 관계는 (변수들 간에 상관관계가 있기 때문에) 독립적이지 않고 의존적이다. 다시 말해 DAG의 변수들은 d-분리가 되어 있는데, 이들 변수의 확률 관계는 독립적이지 않은 것이다.

충실성 조건은 마르코프 조건에서 제시한 확률 관계와 노드 구조의 연결관계를 역으로 제시한 것이며, 다음과 같다.

Pr(X | 부모(X) & Y) = Pr(X | 부모(X)) 이면,

X와 Y는 확률적으로 독립적인 DAG이다.

또한, 충실성 조건도 베이즈 망의 d-분리로 다음과 같이 제시할 수 있다.

모든 변수가 확률 분포에서 조건부 독립적이면,

DAG에서 모든 변수는 d-분리되었다.

충실성 조건에서도 문제는 제기된다. 충실성 조건이 위반되는 경우이다. 충실성 조건의 반례는 변수의 확률 분포가 조건부 독립적이지만 DAG에서는 확률적으로 독립적이지 않고 의존적인 경우이다. 충실성 조건의 반례는 이미 우리가 보았

던 '심슨 역설' 중, 원인이 상반된 다중 원인 효과를 갖는 경우에서 볼 수 있다. 다음의 예를 살펴보자.

어떤 치료제가 있는데, 그 치료제는 우리의 생존과 무관하다고 해보자. 그리고 남자든 여자든 모두 같은 사람이고, 현재의 성별은 이미 주어진 '생존'의 자녀 변수가 아니다. 따라서 치료제에 성별이 주어졌을 때 생존의 확률은 치료제만 주어졌을 때 생존의 확률과 같아야 한다. 치료제가 주어진 경우에 성별에 따른 생존 확률은 독립적인 구조의 DAG이 되어야 하는 것이다. 그러나 치료제와 성별이 주어졌을 때 생존의 확률은 의존적인 DAG으로 확인된다. 왜냐하면 〈그림 3-5〉에서 볼 수 있듯이, 성별이 치료제와 생존 모두에 영향을 주는 변수가 되는 인과 구조가 있기 때문이다. 성별이 생존에 직접 더 많은 원인 영향을 주는 경우에, 생존이 치료에 확률적으로 의존하는 DAG이 가능하게 된다(SGS, 1993; 2000; 이영의, 2015; 김준성, 2016). 1장에서 보았던 피임약의 상반된 다중 원인 효과도 유사한 경우이다. 켈리K. Kelly는 이와 같은 반례에 대해 충실성 조건을 위한 DAG의 다른 구조를 제시한다(Kelly, 2007a; 2007b; 2008; 2010) (〈그림 3-6〉 참고).

치료제가 주어졌을 때 생존 확률은 독립적이지만, 치료제

〈그림 3-5〉 충실성 위반

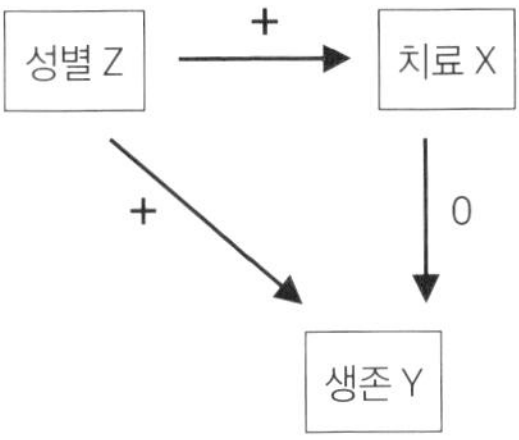

〈그림 3-6〉 충실성 충족

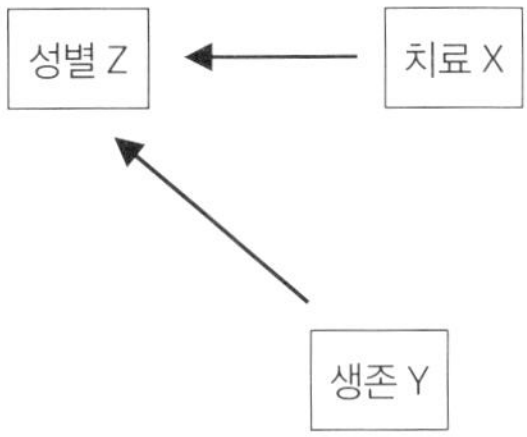

→ : 원인의 영향과 인과 방향
+ : 긍정 원인 효과 0 : 중립 원인 효과

에 성별이 주어졌을 때 생존 확률은 의존적인 관계가 되고 그 관계는 DAG으로 확인된다. DAG은 충실성 조건을 보존한다. 그러나 그 DAG의 구조는 인과에 대한 우리의 직관과는 충돌한다. 치료와 생존이 성별에 대해 원인 효과를 갖는다고 말하지는 않을 것이다. 그러나 켈리는 단순성(경제성) 원리를 토대로, 새로운 DAG이 인과 추론이란 방법론적 관점에서 유의미하다고 본다. 그 DAG이 다른 DAG과 달리, 통계적 정보가 (인과) 가설에 과잉적합over-fitting하는 문제를 피할 수 있다는 것이다. 단순성 원리의 관점에서 예측의 효율성 등을 고려할 때 그 DAG은 여전히 유효하다고 켈리는 주장한다.

충실성 조건을 위한 켈리의 주장은, 동일한 데이터에 대해 양립 가능한 다수의 인과 구조에서 최적화된the best fitted 인과 구조가 무엇인지를 확인해야 하는 문제로 연결된다. 앞선 두 가지 DAG의 구조 모두는 동일한 통계 데이터에 적합한 인과 구조이다. 이렇게 양립 가능한 다수의 인과 구조 중 어떤 것을 선택해야 하는지는 어려운 문제이다. 설명력, 예측력, 정보력, 형이상학적(논리적) 엄밀성 모두를 함께 만족하는 인과 구조를 얻기는 불가능하다. 어떤 인과 구조가 그 구조의 복잡성을 바탕으로 설명력이 높으면, 그 복잡성 때문에 예측력은 떨어진다. 설명력과 예측력 간에는 맞교환trade-off이 발생한다.

3) 최적화된 인과 구조에 대한 확인

변수들 간의 확률적 독립 관계들이 주어졌을 때, 이들 관계로부터 어떤 인과 구조를 추론할 수 있는지를 물을 수 있다. 인과 추론의 핵심이 되는 질문이다. 이 질문에 답하려면 원인이 결과에 앞선다는 원인의 시간적 우선성을 전제해야 한다. 또는, 원인에서 결과로 향하는 시간의 흐름이 있지만 그 역은 불가능하다는 인과의 일방성을 전제해야 한다. 인과의 일방성을 해명하고 증명하는 것은 매우 어려운 일이다. 인과의 일방성이 시간의 일방성에 의존한다면, 시간의 일방성에 대한 증명이 다시 필요하다. 시간의 일방성을 엔트로피entropy의 흐름으로 해명할 수 있지만 여전히 논쟁 중이다. 따라서 인과에 대한 대부분의 이론은 인과의 일방성이나 원인은 결과에 시간적으로 앞선다는 조건을 우선 전제로 삼는다.

인과의 일방성을 전제로 삼고 변수들 간의 확률적 독립 관계가 주어졌을 때, 가장 적절한 인과 구조는 어떻게 확인할 수 있는가? 마르코프 조건과 충실성 조건은 그 질문에 답을 준다. 그러나 충분한 답을 얻으려면 여전히 더 많은 연구가 필요하다. 인과 추론을 위한 이론이나 프로젝트가 계속 연구되어야 할 이유다.

변수 X, Y, Z에 대해 다음과 같은 확률적 관계가 있다고 가정하자(Hitchcock, 2018).

- X, Y는 무조건적으로 (다시 말해, 조건화할 어떠한 변수도 없는 상태에서) 의존적이고, Z를 조건으로 의존적이다.
- Y, Z는 무조건적으로 의존적이고, X를 조건으로 의존적이다.
- X, Z는 무조건적으로 의존적이고, Y를 조건으로 독립적이다.

그렇다면 마르코프 조건에서 일치하는 마르코프 동치equivalence 집단으로서 인과 구조들이 주어진다. SGS의 PC 알고리즘 이론에 따라 통계적 상관관계에서 마르코프 동치 집단을 다음과 같이 생성할 수 있다.

X → Y → Z

X ← Y ← Z

X ← Y → Z

그러나 확률 분포, 마르코프 조건, 충실성 조건으로부터의 인과 구조들 중 어떤 것이 올바른 인과 구조인지를 판단하기 어렵다. 다른 한편으로, 다음과 같은 확률 분포를 보자.

- X와 Y는 무조건적으로 (다시 말해, 조건화할 어떠한 변수도 없는 상태에서) 의존적이고, Z를 조건으로 의존적이다.
- Y, Z는 무조건적으로 의존적이고, X를 조건으로 의존적이다.
- X, Z는 무조건적으로 독립적이고, Y를 조건으로 의존적이다.

이 경우 마르코프 동치 집단은 다음과 같이 단 하나가 된다.

$X \rightarrow Y \leftarrow Z$

이 DAG에 상대하여 앞서 주어진 확률 관계는 마르코프 조건과 충실성 조건 모두를 충족한다. 앞서 보았던 켈리의 해결 방안을 다시 확인하게 된다. 그러나 이미 우리가 다뤘던 사례의 문제를 보았을 때, 이 역시 같은 문제로 다시 돌아가게 된다.

4) 인과 모형의 수월성

인과 모형(또는 구조 인과 모형)은 시스템의 인과 메커니즘을 기술하는 개념적 모형이다. 인과 모형은 경험적 연구의 설계를 개선할 수 있게 돕는다. 예를 들어 변수들 중 원인으로 어떤 변수를 포함하여야 하는지, 원인이 될 변수를 어떻게 발견할 수 있는지를 결정하게 하는 형식화된 규칙을 제시한다.

연구자가 제기하는 문제에 대해 인과 모형을 통해 주어진 관찰 데이터에서 답을 찾게 할 수 있다. 무작위 조작 실험처럼 연구자가 변수를 조절하거나 개입하지 않고도 그 답을 찾게 한다. 실제로 연구자가 변수에 개입하는 연구는 윤리적, 실질적 이유로 실행이 곤란할 수 있다. 따라서 인과 모형에 토대하지 않고 그런 연구의 가설을 입증하기 위한 실험을 하기는 어렵다.

또한 인과 모형은 어떤 연구의 결과가 연구되지 않은 집단에 적용 가능한지를 묻는 외재적 타당성에 답을 할 수 있게 한다. 인과 모형은 다양한 연구의 데이터를 (일정 환경에서) 모은 후, 특정 데이터의 집단으로는 답할 수 없는 질문에 답을 하게 할 수 있다. 인과 모형이 경험과학의 핵심 이론이 될 수 있는 것이다. 이것이 가능한 이유는 인과 모형은 반증이 가능하다는 데에 있다. 만약 인과 모형이 데이터에 부합하지 않는다면 부당한 것으로 거부될 수 있다.

이와 같은 확장성과 논리적 엄밀성 때문에 인과 모형은 의사결정 이론, 빅데이터 분석, 두뇌 뉴런neuron 신호의 전달과 연결, 인공지능의 기계학습, 면역학 등에 응용된다. 다음 장부터는 4차 산업혁명의 엔진과 연료에 해당하는 인공지능 기계학습과 빅데이터 분야, 그리고 이들 분야의 토대와 응용 영역에 인과 모형이 어떤 기여를 하는지 살펴보겠다.

4장

합리적 의사결정 이론에서 인과의 역할

우리의 삶을 정의하라는 요청을 받는다면, 삶은 선택의 연속이라 말할 수 있다. 우리는 아침에 깨어 잠이 들 때까지 계속 선택을 한다. 아침 5시인데 일어날 것인지 30분을 더 잘 것인지, 출근을 위해 운전을 할 것인지 전철을 탈 것인지, 아니면 광역버스를 탈 것인지 등을 선택한다. 잠을 청할 순간에도 이른 밤에 잠자리에 들 것인지 더 늦게 잠자리에 들 것인지를 선택한다. 잠을 자며 꿈속에서도 선택을 한다. 다양한 선택지 가운데 하나를 선택할 때, 우리가 고려하는 것들 중 가장 중요한 기준은 나의 선택이 나에게 최대의 이익을 가져다 줄 수 있는지가 될 것이다.

그런데 나의 선택에 상응하여 내가 얻는 결과 상태가 나에게 최대 이익을 가져다 줄 수 있는지를 판단하기는 쉽지 않다. 나의 각 선택에 상응하는 각 결과 상태의 이익을 얻을 것이 확실하다면 크게 문제가 될 것 같지는 않다. 그러나 각 결과 상태가 실제로 이루어질지 여부가 불확실하다면 나는 선택의 순간에 많은 고민을 하게 될 것이다. 그런 고민에 대한 해결로서, 의사결정자인 자신에게 최대 이익이 되는 선택을 하게 하는 체계적인 방법론이 의사결정 이론decision theory이다.

의사결정 이론의 핵심은 우리의 선택과 그에 상응하는 결과 상태에서 기대되는 이익(효용)을 가장 크게 만드는 것이다. 기댓값을 극대화하는 것이다. 의사결정 이론에 따라 기댓값을 극대화하는 데엔 상당히 흥미롭고 어려운 문제가 자리잡고 있다. 그 문제는 우리의 선택과 선택에 상응하는 상태가 연결되어 있는지 아니면 독립되어 있는지에 있다. 우리는 선택을 할 때 그 선택에 상응하는 상태를 생각한다. 어떤 상태는 그 선택의 영향을 받고, 어떤 상태는 그 선택의 영향을 받지 않는다.

예를 들어 나는 아침마다 10시에 광역버스를 탄다. 따라서 오전 10시 이전에 버스를 기다리고 있어야 한다. 어느 날 아침에 집에서 출발이 늦었다. 버스를 잡기 위해 나는 부지런히 빨리 걸을 것이다. 나의 걸음 속도는 버스가 10시에 도달하는 것에 영향을 주지 않는다. 버스 기사는 나의 출근과 무관하게 늘 그렇듯이 10시에 맞추어 버스를 출발시킬 것이다. 버스를 타려는 나의 선택과 버스가 10시에 출발하는 상태는 무관하다. 버스가 10시에 출발하는 상태는 버스를 타겠다는 나의 선택으로부터 독립적이다.

다른 한편으로, 나의 선택은 그 선택에 상응하는 상태에 영향을 줄 수도 있다. 예를 들어 아침마다 일어나자마자 물 한 잔을 마시는 것은 나의 건강에 도움을 준다. 내가 물 한 잔을 마시는 것은 나의 건강에 영향을 주는 것이다. 나의 건강 상태는 물 한 잔을 마시는 나의 선택에 관련되어 있고, 의존한다.

그렇다면 의사결정 이론에서 의사결정자의 선택과 그 선택에 상응하는 상태의 관계를 어떻게 파악하여야 하는지 물을 수 있다. 이에 대해 우리의 선택이 그 선택에 상응하는 상태에 연관되는지를 파악하는 게 우선되어야 할 것 같다. 그러나 매 선택에서 그런 연관을 파악하기는 쉽지 않다. 그렇기에 우리의 선택과 그에 상응하는 상태를 연관이 없는, 독립적인 관계로 보는 것이 사실상 자연스럽다. 그렇게 서로 연관이 없다고 전제하고 의사결정 방법을 제시하는 것이 더 일반적이다. 그러나 그런 전제를 하고 의사결정을 하는 경우에 비합리적인 기대효용을 얻는다는 문제가 제기되었다. 최대 기대효용을 얻을 수 없고, 오히려 우리 삶에 해악을 끼칠 의사결정이 될 수도 있다는 것이다. 이는 그 전까지 표준으로 받아들여졌던 의사결정 이론의 심각한 문제로 논의되었고, 문제에 대한 해결책으로 또 다른 유형의 의사결정 이론이 필요하다는 결론에 이르게 되었다. 새로운 유형의 이론은 '인과 의사결정 이론'이다.

인과 의사결정 이론의 핵심은 의사결정 주체의 선택이 원인으로서 그 선택에 상응하는 상태에 영향을 줄 수 있고, 또는 그 상태가 그 주체의 선택에 인과적으로 의존한다는 것이다. 다시 말해, 선택에 상응하는 상태가 선택의 결과가 되는지, 또는 원인으로서의 선택이 그에 상응하는 상태를 결과로 초래하는지에 대한 것이다. 의사결정에서 의사결정 주체의 선택과 그 선택에 상응하는 상태를 인과관계로 볼 수 있는지 여부가 중요하다.

그런데 우리의 선택과 이에 상응하는 상태가 서로 연관된다고 할 때, 그 관계를 인과적으로만 볼 필요는 없다. 이미 1장에서 보았듯이, 인과관계를 파악한다는 것은 매우 어려운 과제이다. 인과관계로 보이지만 상관관계에 불과한 관계가 매우 많다. 따라서 우리의 선택과 이에 상응하는 상태가 서로 연관된 것이라면, 보다 확실한 연관은 우리의 선택은 그 선택에 상응하는 상태의 '증거'라는 것이다.

예를 들어 내가 아침 10시에 버스를 탈 수 있을 때, 10시 이전에 충분한 시간의 여유를 갖고 집을 나서는 나의 선택은 10시에 버스를 타는 상태의 증거가 된다. 다시 말해, 내가 10시 이전에 집을 나선 것은 내가 10시에 버스를 탄다는 것을 입증하는(확증하는, 뒷받침하는) 증거인 것이다. 증거적 의존관계는 인과적 의존관계보다는 그 의존관계에 대한 증명의 부담이 사실상 없거나 매우 적다. 우리는 어떤 사실에 대한 신빙성을 평가할 때 일반적으로 그 사실을 뒷받침할 증거를 제시한다. 그 증거가 원인이 되는지 여부까지 고려할 필요는 없다. 물론 원인으로서 증거도 있겠지만, 증거를 원인으로 제한하지는 않는다.

그러나 인과 의사결정 이론을 주장하는 학자들은 증거나 입증 관계로서의 의존관계만으로는 합리적 의사결정을 안내할 수 없다고 주장한다. 증거적 의존관계에 따른 의사결정은, 선택과 상태의 인과적 의존관계를 고려해야 하는 상황에서 의사결정자에게 최대 기대효용이 아니라 최악의 결과를 줄 수 있다고 이들은 말한다. 그렇다면 그 비판을 뒷받침하는 심각한 문제가 무엇인지 보자. 뉴컴의 역설Newcomb's paradox이 그 문제를 대표한다.

1. 뉴컴의 역설

우리 앞에 두 개의 상자가 있다. 상자 A는 투명하다. 상자 B는 불투명하여 내부에 무엇이 있는지 알 수 없다. 투명한 상자 A에는 1만 원이 있고, 우리는 당연히 그것을 볼 수 있다. 이들 두 상자에 대해 전지전능한 예언자가 우리에게 두 가지 제안을 한다. 하나는 우리가 불투명한 상자 B만을 선택한다면 상자 B에 100만 원이 있을 것이라는 것, 다른 하나는 우리가 상자 A와 상자 B 모두를 선택한다면 상자 B는 빈 상태일 것이라는 것이다. 이 두 제안에 대해 우리는 무엇을 선택할 것인가? 예언자가 전지전능하다는 정보가 옳다면 상자 B만을 선택하는 것이 합리적으로 보인다.

그러나 두 상자 모두를 선택하는 것이 합리적인 선택이란 주장도 가능하다. 그 주장이 정당한 이유는 다음과 같다. 두 상자 안의 돈은 우리의 선택 이전에 이미 놓여 있다. 우리가 어떤 상자를 선택할지는 상자들 속 돈의 액수에 어떠한 영향도 주지 않는다. 우리의 현재 선택이 이미 일어난 과거의 상태에 영향을 줄 수는 없다. 따라서 두 상자 모두를 선택하는 것이 최선이다. 이미 결정된 과거이므로 두 상자 모두를 선택한다면 적어도 투명한 상자 A에 있는 1만 원을 얻을 것이고, 불투명한 상자 B에 100만 원이 있다면 그것도 함께 얻어 101만 원을 얻게 될 것이다(Nozick, 1969; Eells, 1982; Weirich, 2008).[1]

뉴컴의 역설은 기대효용 최대화 원리에 대한 반례가 된다. 증거에 토대한 합리적 의사결정 이론은 의사결정자에게 주어진 정보에 토대하여, 의사결정자의 기대효용을 최대화하는 선택을 안내한다. 뉴컴의 역설에서 주어진 증거(전지전능한 예언지)에 토대한 합리적 의사결정에 따르면 100만 원이 얻게

1 동일한 전제에서 출발한 두 가지 추론이 상반된 (서로 모순된) 결론에 이르는 상황을 논리적 역설이라 부른다. 뉴컴의 역설에서는 같은 선택의 상황에서 상자 B만을 선택하는 결론과, 두 상자 모두를 선택하는 상반된 결론 모두가 따라 나온다.

될 최대 액수이다. 그러나 101만 원을 얻을 수 있는 선택지가 있기 때문에 100만 원은 최대 기대효용의 액수가 아니다.

다른 한편으로, 뉴컴의 역설은 두 가지 다른 의사결정 원리를 선택하는 문제로 이해된다. 앞의 사례에서는 각 상자에 돈이 있을 상태에 대한 확률을 정확하게 고려하지 않았다. 각 상태가 실현될 개연성을 알 수 없다면 상태에 대한 확률을 고려할 수 없다. 그렇다면 두 상자 모두를 선택하는 두 번째 선택이 최선의 합리적 선택이 될 것이다. 그런 선택을 안내하는 의사결정 원리를 우세 원리the principle of dominance라 부른다. 두 제안 중 두 상자 모두를 선택하는 것이 상자 B만을 선택하는 것보다 우세하다.

그러나 우리가 상자에 돈이 있을 상태에 대한 확률을 알 수 있다면 상황은 달라진다. 예를 들어, 예언자가 전지전능하므로 상자 B에 100만 원이 있을 확률이 매우 높다고 가정하자. 그 경우에 각 상태의 효용과 각 상태의 확률의 곱이 되는 확률 기대효용을 계산한다면, 다시 말해 기대효용 최대화 원리the principle of maximizing expected utility를 따른다면, 불투명한 상자 B만을 선택하는 첫 번째 제안을 따르는 것이 최선이다. 그렇다면 뉴컴의 역설은 증거에 토대한 합리적 의사결정 이론에 대한 반례가 되는 것 같지는 않다. 그러나 여기서 논의가 끝난 것은 아니다.

두 상자 모두를 선택해야 한다고 주장하는 사람은 결과가 원인에 영향을 줄 수 없다는 인과관계에 의존하여 그들의 주장을 이어 갈 수 있다. 인과에 대한 정보를 전제한다면, 두 상자 모두를 선택하는 것이 상자 B만을 선택하는 것보다 더 합리적이다. 이를 통해 인과에 대한 정보가 의사결정 이론에 따른 합리적 선택과 긴밀하게 연결되어 있음을 확인할 수 있다. 증거에 토대한 합리적 의사결정 이론을 주장하는 사람들에게 인과에 대한 정보를 어떻게 수용할지는 중요한 과제가 되었다.

2. 인과 모형에 토대한 의사결정 이론의 역할

인과 구조에 대한 정보를 전제하고 의사결정자가 실제로 선택을 하는 경우를 보자. 이를 퍼얼이 제시한 인과 모형 이론의 do-연산자로 재현할 수 있다. do-연산자는 우리의 '실제' 개입으로 그 개입 이외의 것이 결과 요인에 주는 영향을 배제하는(깨뜨리는) 것이다. 뉴컴의 역설의 구조는 공통 원인의 인과 구조를 보여준다. 불투명한 상자 B의 돈이 우리의 선택에 앞서 이미 결정되어 있는 상황이라 하자. 그 상황에서 의사결정자의 실제 개입(선택)은 상자 안의 돈의 상태에 대한 확률에 영향을 주지 못한다. 그리고 그 상황은 공통 원인으로서, 의사결정자의 선택을 초래하고 동시에 상자 B의 돈의 액수의 결정도 초래한다. 그렇다면 do-연산자로서 우리의 실제 개입이 있는 경우와 그렇지 않은 경우 모두에 대해, 상자 안의 돈의 상태에 대한 확률은 같다. 따라서 인과 의사결정 이론에서 보았듯이, 인과 모형 이론도 두 상자 A, B 모두를 선택하는 의사결정을 안내한다(Hitchcock, 2016; 2018; Stern, 2017).

다른 한편으로, 인과 모형 이론은 엘스가 증거에 토대한 합리적 의사결정 이론에 근거하여 새롭게 제시한 해결 방안도 해명한다(Eells, 1982). 의사결정자가 공통 원인의 인과 구조에 대한 '믿음'을 갖고 있다고 하자. 그 믿음이 주어질 때, 의사결정자의 선택은 상자 안 돈 액수 상태의 확률에 영향을 주지 못한다. 따라서 증거에 토대한 합리적 의사결정 이론도 두 상자 모두를 선택하는 것으로 안내한다. 이 경우, 증거에 토대한 합리적 의사결정 이론에 따른 상자 안의 돈 액수 상태에

대한 확률 Pr(상자 안 돈 액수의 상태 | 두 상자 모두를 선택)은 do-연산에 따른 상자 안 상태의 확률 Pr〔상자 안 돈 액수의 상태 | *do*(두 상자 모두를 선택)〕과 같게 된다.

인과 모형 이론은 두 의사결정 이론 중 한 이론에 대해 일방적으로 손을 들어 주지 않고, 두 이론 각각에서 인과 구조에 대한 정보를 토대로 보여주고자 했던 의미를 해명한다. 따라서 의사결정 이론과 인과에 토대한 인공지능을 개발할 때 인과 모형 이론의 역할을 가늠할 수 있다.

5장

빅데이터에서의 상관성과 인과성

빅데이터Big Data는 이제는 매우 일상적인 용어가 되었다. 다양한 영역의 많은 사람들이 이 단어에 대해 더 이상 낯설음을 갖지 않는 것 같다. 인터넷과 페이스북Facebook, 트위터Twitter, 인스타그램Instagram 등의 소셜미디어social media는 우리의 삶에 엄청난 변화와 영향을 주었다. 막대한 양의 데이터가 생산되었고, 데이터의 중요성은 모든 분야에서 그 어느 때보다 커졌다. 2014년에 페이스북은 20억 명에 달하는 사용자에 대해 300페타바이트petabyte에 이르는 데이터베이스를 보유하게 되었다. 1인당 150메가바이트megabyte에 해당하는 데이터이다. 모든 데이터는 숫자 0과 1의 조합으로 이루어진다. 온라인 게

임이나 온라인 사이트에서 거래하는 상품들, 카카오톡Kakao Talk 친구들의 이름 등 다양한 자료들 모두 0과 1의 조합으로 이루어진 데이터로 저장된다(Pearl & Mackenzie, 2018). 과학에서도 거대한 데이터베이스의 출현은 중요한 의미를 갖는다. 예를 들어, 인간 유전자의 지도에 관한 '1000 게놈 프로젝트1000 Genomes Project'에서는 200테라바이트terabyte 분량의 정보가 수집되었다. 이 프로젝트는 '인간 변이와 유전형 데이터에 관한 가장 큰 공공 카탈로그'로 알려져 있다.

빅데이터는 4차 산업혁명을 대표하는 상징이 되었다. 마이어쉰베르거V. Mayer-Schönberger와 쿠키어K. Cukier(이하 MSC)는 빅데이터의 여러 사례에 관한 흥미로운 쟁점들을 제기하며 빅데이터의 의미와 중요성을 잘 보여준다(MSC, 2013). 이들의 쟁점 중 특별히 주목할 만한 것은 인과성과 상관성에 대한 것이다. MSC는 빅데이터의 세계에서는 인과성보다 상관성이 더 유용하고 효율적이라고 주장한다. 더 나아가, 빅데이터의 세계에서 인과성에 토대한 분석이나 예측이 상관성에 토대한 분석이나 예측에 밀려 주목받지 않게 되거나 도태될 것이라 주장한다. 상관성이 현상을 분석하고 예측하는 데 필요하다는 MSC의 주장은 특별한 것이 아니다. 그러나 상관성만으로 현상을 분석하고 예측하는 데 충분하다는 MSC의 주장은 과장된 것이다. 이는 많은 사람들을 호도하는 위험한 주장이 될 수 있다.

1. 빅데이터 세계에서 상관성만이 필요하다는 주장

MSC의 핵심 주장은 다음과 같다. 첫째, 빅데이터의 세계에서 상관성이 인과성보다 우월하다. 둘째, 데이터의 패턴을 실제로 이용하는 데에 원인이나 이유가 아니라 결과나 결론을 아는 것만으로 충분하다. 이러한 주장의 근거는 크게 두 가지로 볼 수 있다. 첫째, 상관성은 그 자체만으로 충분히 실용적이고 유용하다. 둘째, 빅데이터의 환경에서 데이터를 분석하고 이해하는 데에 인과성은 상관성보다 비효율적일 뿐 아니라 그 분석과 이해를 방해하는 역할을 한다. 첫 번째 주장은 상관성 자체에 대한 긍정적인 평가에 토대한다. 두 번째 주장은 인과성에 대한 비판으로, 상관성의 상대적 우월성과 필요성을 제시한다. 이들 두 가지 주장과 각 주장을 위한 근거들은 다음과 같은 논증으로 이해할 수 있다.

첫 번째 주장

상관성은 그 자체만으로 충분히 실용적이고 유용하다.

근거

ⓐ 상관성은 현상의 내부 원리를 아는 데에 유용한 실마리를 제공한다. 그 이유는 다음과 같다. ① 상관성에는 개연성이 있을 뿐이다. ② 상관성은 현재를 파악하고 미래를 예측하는 데에 도움을 준다. ③ 상관성을 보여주는 수학적, 통계적 원리는 단순하면서도 탁월하다.

ⓑ 빅데이터의 세계에서는 가설에 의한 접근법이 데이터에 의한 접근법으로 대체된다. 스몰데이터Small Data에서는 가설(이론)이 데이터를 이끌었지만, 빅데이터에서는 데이터가 가설(이론)을 더 강하게 이끌 것이다.

ⓒ 상관성에 기초한 예측은 빅데이터의 핵심이다. 원인에 대한 설명이 아닌 미래에 대한 예측이 중요하다.

ⓓ 예측 분석에서는 원인이나 이유가 아니라 주로 문제가 있다는 사실, 다시 말해 징후symptom만을 가리킨다. 따라서 결과만 보여주는 것으로도 충분하다.

ⓔ 의료 활동에서 빅데이터의 상관관계만으로도 생명을 구할

수 있다.

두 번째 주장

빅데이터 환경에서 데이터를 분석하고 이해하는 데에 인과성은 상관성보다 비효율적일 뿐 아니라 저해되는 역할을 한다.

근거

ⓕ 비선형 상관관계에 대한 비인과적 분석만으로 연결관계나 네트워크에서 이전에는 보이지 않았던 관계를 볼 수 있다.

ⓖ 인과를 가정하려는 우리의 생각은 일종의 편견이나 선입견이 되어 빠른 사고思考를 막는다.

ⓗ 빅데이터에 대한 상관성 분석은 기존의 인과로서 통계적 연관이 오히려 무의미하다는 것을 보여준다.

ⓘ 상관성을 계산하는 수학은 상대적으로 간단하지만, 인과성을 증명하는 뚜렷한 수학적 방법은 없다. 등식으로 표현도 불가능하다.

ⓙ 어떤 결과의 원인을 특정 요인으로 돌리기에는 너무 많은 요인이 원인으로 관련된다.

ⓚ 상관성처럼 인과성도 증명하기 어렵고 높은 개연성으로만

나타날 뿐이다.

ⓛ 상관성 등 비인과적 분석은 경제적이고 효과적이다.

ⓜ 상관성이 강력한 이유는 분명한 통찰력을 주는 데에 있다. 그러나 인과성이 개입되면 그 통찰이 불투명해진다.

ⓝ 인과적 사고는 상황에 대한 분석과 판단을 더 불분명하게 만든다. 상관성에 대한 파악만으로도 분석과 판단을 효율적으로 할 수 있다. 빅데이터의 세계에서는 (인과적) 가설에 토대하여 변수를 결정하는 것이 효율적이지 않다.

2. 상관성과 인과성의 관계에 대한 오해와 문제

MSC의 두 가지 주장을 뒷받침하는 근거들 가운데 다수는 상관성과 인과성의 관계에 대해 잘못된 이해를 하고 있고, 이에 따른 여러 문제점을 안고 있다. 저자는 첫 번째 주장의 근거 ⓓ, ⓔ와 두 번째 주장의 근거 ⓕ~ⓝ 모두에 반대한다. 우선 근거 ⓓ, ⓔ의 문제점을 논의하겠다.

ⓓ를 따를 때, MSC는 원인에 대한 설명이 아닌 예측을 위한 징후를 밝히는 것만으로 데이터에 대한 분석이 충분하다고

본다. 같은 맥락에서, ⓔ를 따를 때 MSC는 상관관계에 토대한 것만으로 의학적 치료가 충분하다고 본다. 그러나 역학疫學, epidemiology 데이터를 전문적으로 다루는 학자들은 MSC의 주장을 강하게 비판한다(Naimi & Westreich, 2014). 역학 전문가들은 상관에 대한 MSC의 주장이 예측의 유용성에 부합할 수는 있어도, 인과적 설명의 관점에서는 틀렸다고 본다. 역학 전문가들은 MSC가 의학 치료에서 설명을 위한 원인의 의미와 중요성, 다시 말해 인과적 설명의 중요성을 간과하였다고 본다. 또한, MSC가 의학 치료에서 결과 요인의 많은 원인 요인들 가운데 특정 원인을 발견하는 것이 얼마나 유용한지를 간과하였다고 본다. 저자 역시 이들 역학·의학 전문가들의 견해에 동의한다. 우리의 생존에 관한 문제의 답을 찾는 데에 있어 강한 상관성만을 고려한다면 심각한 문제를 초래할 수 있다.

예를 들어 어떤 나라에서는 흡연이 폐암에 부정적인 상관관계를 가진 것으로 나타났다. 흡연에 대한 폐암의 비율이 낮은 것으로 나타난 것이다. 그 이유는 인과 구조에 대한 해명으로 밝혀진다(Skyrms, 1980). 그 나라에서 도시 거주자와 시골 거주자는 상반된 흡연 방식을 보여주었다. 도시 거주자는 대기오염 및 흡연이 폐암을 초래할 수 있음을 잘 알고 있었다. 그렇게 이중으로 주어지는 위험 요인을 염려한 도시 거주자들은 흡연을 주저하게 된다. 따라서 도시 거주자의 흡연 비율이 낮은 것이다.

반면에 시골 거주자들은 대기오염이라는 위험에서 자유롭다. 이중 위험에서 벗어나 있는 시골 거주자들은 흡연을 피하지 않았다. 시골의 깨끗한 공기는 시골 거주자들의 건강을 증진하였다. 깨끗한 대기가 건강에 주는 긍정적 효과가 흡연이 건강에 주는 부정적 효과를 압도하였다. 그 나라의 시골 거주자 수는 도시 거주자 수와 비교하여 몇 배 이상 많은 것으로 나타났다. 따라서 그 나라 전체 인구를 대상으로 하여 흡연과 폐암의 관계를 보면, 흡연이 폐암을 억제하는 것처럼 보이며 흡연과 폐암은 부정적인 상관관계로 나타난다. 이는 심슨 역설의 또 다른 사례이다(〈그림 5-1〉 참고).

만약 이처럼 특별한 집단의 상관관계에 토대하여 정부가 폐암 예방을 위한 금연 정책을 고려하지 않는다면 어떤 파국이 초래될지는 분명하다. 폐암에 대한 예방으로 사람들에게 금연을 강제할 필요가 없어질 것이며, 더 나아가 폐암을 예방하는 데에 흡연을 오히려 권장할 수도 있다. 흡연과 폐암의

〈그림 5-1〉 심슨 역설의 사례

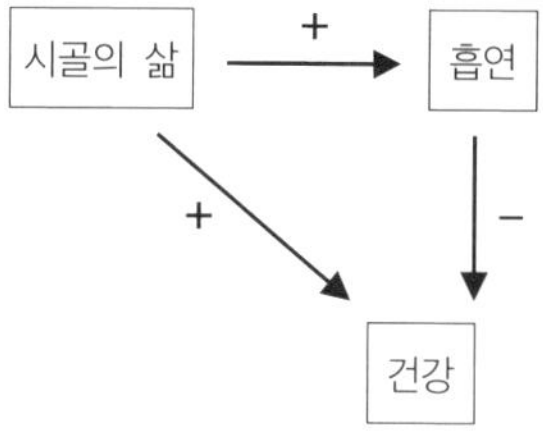

긍정적 상관성과 부정적 상관성이 서로 충돌하는 경우에 폐암을 막기 위한 금연 처방이나 금연 정책은 혼란에 빠질 수 있다. 이런 문제에 대해 MSC가 어떻게 답을 할지 궁금하다. 그런 혼란스러운 상황을 해결하는 데에 인과의 역할은 매우 중요하다. 정확한 인과 구조에 대한 해명을 통해 상관관계로부터 초래된 혼란에서 벗어날 수 있다. 빅데이터를 분석하고 이용하는 데에 상관성만으로 충분하다는 주장이 어떤 심각한 문제를 초래할지는 분명하다.

3. 인과에 대한 수학적 모형의 가능성

MSC는 두 번째 주장을 뒷받침하는 근거로 ⓕ에서 ⓝ을 제시하였다. 이것들을 차례로 검토한 후, 특별히 근거 ⓘ가 왜 오류인지, 그리고 빅데이터를 분석하는 데 인과가 얼마나 중요한지에 대해 인과 모형의 응용 사례를 통해 검토하겠다.

MSC는 근거 ⓕ에서 비선형 상관관계에 대한 비인과적 분석만으로 네트워크의 숨은 관계를 드러낼 수 있다고 주장한다. 그러나 3장에서 소개한 인과 모형 이론은 비선형 상관관계에 대한 분석으로도 확장하고 있다(Hoyer, Janzing et al., 2008; Zhang & Hyvärinen, 2010). 물론 그 확장이 얼마나 효과적인지는 검토와 논의가 필요하다. 그러나 비인과적, 또는 통계적 분석만으로 충분하다는 주장은 성급한 것임에 틀림없다.

MSC는 ⓖ에서 인과에 대한 가정은 편견이나 선입견으로 작용하여 우리의 빠른 판단에 장애가 된다고 주장한다. 물론 인과의 구조를 찾는 것은 상관관계에 대한 분석보다 더 심화된 것이므로 우리에게 시간과 노력을 더 요구할 것이다. 그러나 바로 앞서 심슨 역설의 경우에서 보았듯이, 더 많은 시간과 노력은 우리가 더 정확한 판단을 할 수 있게 안내한다. 잠재된 위험을 모르고 빠르게 판단하기보다, 잠재된 위험을 찾고자 천천히 판단하는 것이 더 낫다는 것은 분명하다.

MSC는 ⓗ에서 빅데이터에 대한 상관성 분석은 인과로서 통계적 연관이 무의미한 것임을 보여준다고 주장한다. 이미 앞 장에서 보았던 심슨 역설의 사례는 이 주장에 설득력이 없음을 잘 보여준다.

MSC의 ⓛ, ⓜ, ⓝ은 ⓖ, ⓗ와 사실상 같은 주장이다. MSC는 상관성에 대한 분석이 더 경제적(효율적)이고, 더 분명한 통찰 및 분석과 판단을 준다고 주장한다. 그러나 MSC는 상관성과 인과성의 논리적 관계에 주목할 필요가 있다. 인과관계는 상관관계를 논리적으로 함축하지만, 그 반대는 성립하지 않는다. 다시 말해, 두 변수의 인과관계에 대한 주장이 참이면 두 변수의 상관관계는 따라 나온다. 그러나 두 변수의 상관관계에 대한 주장이 참이어도 이들 변수가 반드시 인과관계인 것은 아니다. 상관관계보다 인과관계에 대한 주장이 더 강한 주장이다. 그렇다면 어떤 주장이 우리에게 더 정확하고 엄밀한 분석과 판단을 하게 할 것인지는 분명하다.

MSC의 ⓙ를 보자. 이 주장에 따르면, 너무 많은 요인이 결과의 원인이 되므로 주요 원인을 특정하기 어렵고, 따라서 인과관계를 탐색하는 것은 비효율적이다. 그러나 결과에 여러 원인이 관련될 때 결과의 그 원인을 해명하는 것과 결과에 대한 인과적 설명을 하는 것은 다르다.

예를 들어 도로에서 차 두 대의 추돌 사고가 났다면, 이 추돌 사고의 원인은 한 가지가 아닐 것이다. 나란히 달리던 두 차 운전자의 부주의, 과속, 도로 상태, 날씨, 차량의 기계적 문제 등 여러 요인을 원인으로 확인할 수 있다. 여기서 다른 요인과 비교하여 상대적으로 결과에 대한 인과적 책임이 가장 크고, 가장 직접적 원인이 된 요인을 두 운전자의 부주의로 확인하였다고 가정하자. 그런데 왜 그 사고가 발생하였는가에 대한 질문을 이들 운전자, 보험사 직원, 사고의 목격자, 경찰 등에게 하였을 때 그 답은 다를 것이다. 이들 각자의 관심이나 이해관계 등 관점에 따라 그 '왜'라는 질문의 답은 달라질 수 있다. '왜'를 묻는 질문에 대한 답은 인과적 설명이 될 수 있다. 인과적 설명은 설명하는 주체의 관점에 따라, 그 설명이 제기되는 맥락에 따라 얼마든지 달라질 수 있다. 따라서 결과에 대한 원인이 많기 때문에 인과에 대한 분석을 포기해야 하는 것이 아니다. 오히려 원인의 다수성 때문에 인과에 대한 해명과 인과적 설명에 대한 분석이 더욱 필요한 것이다.

설명의 형식화된 모형을 제시하는 것은 과학철학에서 지금까지 오랫동안 계속된, 그리고 아마도 앞으로 지속될 문제이다. 8장에서 더 논의하겠지만 설명 가능한 인공지능에 대한 연구로 인해 설명이나 인과적 설명에 대한 연구는 더 중요하게 되었다. 빅데이터에 대한 분석에서 인공지능이 엔진의 역할을 한다면 인과에 대한 연구가 더욱 필요함은 분명하다.

MSC는 ⓚ에서 상관성이나 인과성 모두 개연적으로 파악할 수 있을 뿐이지, 증명할 수 없으므로 인과관계를 찾는 것이 비효율적이라 주장한다. 그런데 MSC가 주장하는 증명이 형식화된 논리적 증명이나 수학적 증명 등 결론이 전제의 내용을 넘어서지 않는 연역적(비확장적) 증명이라면, 그런 증명은 경험 세계의 연구에 대한 것이 아니다. 경험 세계에 대한 과학적 연구의 가설은 결론이 전제의 내용을 넘어서는 귀납적(확장적) 증명으로 입증된다. 귀납적 증명은 증거에 상대하여 가설에 대한 신뢰도를 개연적으로 입증할 수 있을 뿐이다. 따라서 MSC가 인과에 대해 제기한 증명의 한계는 경험과학의 모든 연구와 가설의 특성을 한계로 오도한 것이다. 3장에서 보았던 인과 모형 이론은 경험 세계에 가장 근접한 인과 구조를 추론하기 위한 엄밀하고 형식화된 시도이다.

MSC의 두 번째 주장에 대한 근거들 중 가장 핵심이 되는 ⓘ에 대해 검토하자. MSC는 상관성에 대한 수학적 계산은 상대적으로 간단하지만, 인과성을 증명할 뚜렷한 수학적 방법이 없고 등식으로 표현도 불가능하다고 본다. 이미 우리는 3장에서 보았던 인과 모형 이론으로 인과 구조를 보여줄 수학적 방법이 무엇이고, 어떻게 등식으로 재현할 수 있는지 보았다. 인과에 대한 수학적 모형으로서 인과 모형 이론이 빅데이터를 우리에게 유의미한 데이터로 전환하는 데에 어떻게 기여하는지를 보자.

4. 빅데이터 분석에서 인과 모형의 역할

빅데이터 시대에 인과는 불필요하고 상관관계만으로 충분하다는 MSC의 주장은 데이터에 대한 주요 분석 방법인 데이터 마이닝data mining 기법들과 연결되어 있다. 데이터 마이닝의 여러 기법은 데이터들에서 패턴을 발견하여 그 패턴을 해석하거나 패턴의 의미를 찾는 통계 분석에 토대한다. 데이터 마이닝에서 인과는 통계적 분석에서 귀결되는 일종의 잉여나 부산

물이지, 인과 자체를 목적으로 한 것이 아니다. 또한 패턴을 찾고 해석하는 데에 인과 개념이나 인과 모형을 전제하지도 않는다.

그러나 인과 개념이나 인과 모형을 전제해야 하는 이유가 있다. 방대한 빅데이터의 세계에 대해 다양한 질문을 할 수 있다. 숫자, 바이트byte, 픽셀로 이루어진 데이터에서 어떻게 유의미한 정보를 얻을 수 있는가? 폐암을 일으키는 유전자가 있는가? 어떤 종류의 태양계에 지구와 유사한 행성이 있을 가능성이 높은가? 어떤 요인들이 수자원을 감소시켰는가? 우리는 이들 문제에 대해 무엇을 할 수 있는가?

일부 연구자들은 데이터 마이닝을 응용하면 앞선 질문들의 답을 찾을 수 있다고 확신한다. 그러나 이 질문들은 모두 인과에 관한 것이다. 데이터의 패턴을 분석하는 것만으로는 인과에 관한 질문에 답하기는 어렵다. 인과에 관한 질문에 답하는 데에 데이터 마이닝이 예비 단계가 될 수 있다. 데이터 마이닝의 실행에는 데이터와 데이터 프로세스process에 대한 모형이 필요하다. 모형은 데이터를 유의미하게 파악하게 하는 개념이다. 모형으로 데이터와 데이터 프로세스를 새롭게 생성할 수 있다. 모형을 배제하고 데이터를 분석한다면 그 분석은 조사 결과에 대한 요약에 불과하다. 그것은 데이터에 대한 해석이 아니라 데이터의 위치만을 바꾸는 것이다(Pearl & Mackenzie, 2018).

인과 추론에 대한 문제에서 빅데이터의 역할은 무엇인가? 우리는 빅데이터로 통계적 추정을 할 수 있다. 통계 추정의 단계는 변수의 수가 클 때 그 중요성이 크다. 예를 들어, 빅데이터는 인과 추론과 함께 의료 분야에서 중요한 역할을 한다. 특정 개인의 증상을 진단해야 할 때, 그 사람과 가능한 한 많은 특성이 유사한 구성원으로 이루어진 집단의 과거 행동에서 특정 결론을 추론할 수 있다. 인과 추론은 무관한 특성을 차단시키고, 다양한 조사로 이들 구성원에 관한 정보를 수집할 수 있게 안내한다.

하지만 빅데이터만으로는 개인들에 관한 정보를 수집할 뿐이다. 현재 주어진 지식에서 세계에 관한 모형을 도출하는 데에는 그 시작을 어떻게 해야 할지에 대한 단서가 필요하다. 빅데이터만으로는 그 문제를 해결하는 데 충분하지 않다. 왜냐하면 그 문제의 답은 인간이나 인공지능 기계가 설계하는 인과 추론 모형에서 나오기 때문이다(Pearl & Mackenzie, 2018).

빅데이터와 인과 추론은 데이터 전송transportability에 대한 문제를 통하여 연결된다. 빅데이터 덕분에 우리는 수많은 개인들의 정보를 접할 수 있을 뿐 아니라, 다양한 방식의 수많은 조사나 연구의 정보에도 접근할 수 있게 되었다. 우리는 이 다양한 정보를 결합하여 그 결과를 새로운 영역에 접목하게 된다. 어떤 영역의 결과를 또 다른 영역으로 이식하거나 접목하는 것은 과학적 탐구의 근본이다. 실험실의 결과를 실제 세계에 응용하고 그 결과를 일반화할 수 없었다면 더 이상의 과학적 진보는 없었을 것이다. 그러나 최근까지 과학에서는 각 개별 과학의 수준에서만 타당한 일반화와 그렇지 않은 일반화를 구분하는 기준을 만들었다. 이들 개별 과학들을 서로 접목하고 응용하는 체계적 방법은 없었다. 다시 말해, 각 개별 과학의 정보를 서로 간 전송하기 위한 체계적 일반화는 없었다(Pearl & Mackenzie, 2018).

바렌보임E. Bareinboim과 퍼얼은 인과 추론을 토대로 정보를 언제 전송하면 적절한지 결정할 기준을 만들었다(Bareinboim & Pearl, 2015; 2016). 데이터의 생성 과정을 표현한 인과 그래프 DAG으로 주목할 만한 특징을 재현(표현)하는 것이다. 인과 다이어그램의 노드는 데이터베이스의 위치들을 표현한다. 정보를 전송한다는 것은 한 가지 상황의 정보를 수집하여 새로운 상황에 적용하는 것만이 아니다. 이들 두 상황의 차이를 연결하기 위하여 정보를 다시 측정할 수 있게 하는 것이다 (Pearl & Mackenzie, 2018).

다음 예를 보자. 우리는 온라인 광고 C가 대전에서 소비자가 스킨스쿠버 장비를 구매할 개연성 E에 주는 영향, 즉 그 광고가 대전에서 얼마나 효과적인지에 대해 추정하고자 한다. 이를 위해 5개 도시를 조사하여 데이터를 수집하였다. 5개 도시는 속초, 여수, 부산, 광주, 제주이다. 이들 각 도시에서 이루어진 조사의 결과는 조금씩 차이가 있다. 예를 들어, 여수의 인구는 조사 대상 도시들의 인구보다 평균 연령이 낮았다. 부산 사람들은 인터넷에서 상품을 보기 위해 클릭하는 비율이 높았다.

이러한 조사에 대해 몇 가지 질문을 할 수 있다. 온라인 광고가 대전 사람들에게 끼칠 효과를 추정하는 데 이와 무관한 것으로 보이는 조사 결과들의 데이터를 결합할 수 있는가? 대전에서 어떠한 데이터를 얻지 않고도 대전에서의 광고 효과를 추정할 수 있는가? 적은 수의 변수들을 측정한 파일럿 관측 연구로 대전에 대한 추정을 할 수 있는가? 이들 질문은 데이터 전송을 이용하여 대전에서의 광고 효과를 평가하기 위한 것이다.

각 도시에서 변수들의 관계에 대한 차이는 인과 그래프 DAG으로 재현할 수 있다. 변수 A는 나이인데, 혼재(교란) 변수이다. 젊은 층이 광고를 볼 가능성이 더 높을 수 있고, 광고를 보지 않더라도 상품을 구매할 가능성이 더 높다. 변수 B는 더 많은 정보를 얻는 링크를 클릭하는 것이다. 이 변수는 매개 변수이다. 매개 변수는 광고를 보는 것이 상품에 대한 구매로 이어질 수 있게 활성화되어야 한다. D는 차이를 만드는difference-producing 가설적 변수이다. 이 변수는 집단 간의 차이를 만드는 특성이다. 여수의 경우, D에서 변수 A로 향하는 화살표가 있다. 부산의 경우에는 D에서 변수 B로 향하는 화살표가 있다.

광고 C의 온라인 광고 회사에게 좋은 소식은, 컴퓨터가 복잡한 데이터 융합fusion 문제를 담당할 수 있다는 것이다. do-연산을 통하여, 우리의 질문query에 답하는 데 어떤 조사를 사용할 수 있는지 알려준다. 그 결론을 뒷받침할 정보를 어떻게 대전에서 수집해야 하는지를 알려준다. 일부의 경우에 그 결과(효과)는 바로 직접 전송될 수 있다. 우리가 대전을 방문하는 등의 수고를 하지 않아도 전송할 수 있다. 대전에서의 광

〈그림 5-2〉 데이터 전송 구조

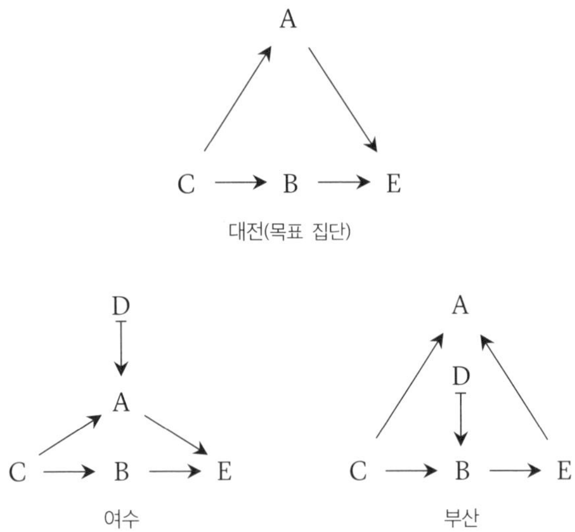

고 효과는 여수와 부산에서의 광고 효과와 달라야 한다. 인과 다이어그램에 따르면, 대전과 달리 여수에서는 차이를 만드는 변수 D가 공통 원인 변수인 A(나이)에 영향을 주고, 부산에서는 매개 변수인 B(인터넷 클릭 비율)에 영향을 준다. 따라서 각 도시의 조사에서 변수에 대한 가중치를 다시 고려하여 데이터를 평가해야 한다. 그런 다음 대전에서 C, B, E를 측정한다면 대전에 대한 질문의 답을 충분히 추정할 수 있다.

앞선 사례처럼 단순한 경우의 결과는 분명하고 설득력을 갖는다. 그러나 인과 다이어그램이 더 복잡해지면 형식화된 방법이 필요하다. do-연산은 더 복잡한 경우에 전송 가능성을 결정할 일반적 기준을 제공한다. 그 기준은 상당히 단순하다. 3장에서 소개한 do-연산의 규칙을 이용한다면 탐구 대상의 데이터를 변형하는 것이 가능하다. 그 표현에서 D와 관련된 변수의 값은 전송 가능하다. 목표 집단에서 D의 영향을 받지 않은 변수의 데이터라면 그 전송된 데이터로 추정이 가능하다. do-연산자를 이용한 알고리즘으로 우리가 원하는 결과(효과)가 전송 가능한지에 대해 자동으로 결정할 수 있다. 이 알고리즘의 의미는 크다.

일반적으로 서로 무관한 것으로 나타난 집단 간에 정보를 전송하는 것은 조사 결과의 타당성에 도움이 되지 않는다. 일반적인 실험에서는 피험자를 강제로 실험에 참여하게 할 수 없다. 많은 경우, 실험자가 실제로 실험에 개입하는 것이 불가능하다. 따라서 연구 대상 집단들 간의 차이는 연구의 타당성을 약화할 수 있다. 이에 대해, 전송 가능성에 대한 판단은 연구의 타당성을 확보할 방법론이 된다. 이질적 데이터로 이루어진 빅데이터로 대상 집단을 파악하고 그 집단에서 관심이 있는 정보를 추출하려면, 각 샘플링sampling(표본추출)에서 변수들 간의 인과 구조를 파악하는 게 필요하다. 그 인과 구조와 대상 집단과의 인과 구조를 파악하는 게 중요하다. 인과 모형 이론에서 이러한 문제에 대한 연구는 현재 시작 단계이다. 이 연구는 빅데이터를 활용하는 많은 영역, 특히 기계학습 인공지능의 데이터 학습과 그 실행에 있어 의미를 갖게 될 것이다.

6장

신경망 기계학습 인공지능에서 인과에 대한 논쟁

딥마인드DeepMind사의 딥러닝 알고리즘이 알파고로 보여준 신경망 기계학습의 성과는 인공지능의 낙관적인 미래를 약속하는 것처럼 보인다. 딥러닝이 여러 영역에서 보여주는 엄청난 결과는 더 큰 기대를 갖게 한다. 현재 우리의 관심은 딥러닝의 기존 성과를 다양한 산업 영역에서 응용하는 데에 집중되고 있다. 딥러닝의 수행 능력의 수월성과 잠재성에 대해 의심의 여지가 없어 보인다. 그러나 딥러닝이 과연 인간의 지능이나 마음을 실현하였는지 또는 실현할 수 있는지 등 '강한 인공지능'에 대해서는 회의적인 견해가 많다. 강한 인공지능에 대한 비판을 생각하면 인공 신경망에 대한 연구가 과거보다 더 진화한 것으로 보이지는 않는다.

인공 신경망(이하 신경망)의 성공을 토대로 인지과학에서 인간 지능을 설명하려는 시도가 연결주의connectionism이다. 신경망 컴퓨터의 성과는 연결주의에 대해 낙관적 전망을 갖게 하였다. 그러나 고전적 계산주의classical computationalism, or classicism, 또는 기호주의symbolism를 대표하는 포더J. Fodor와 필리신Z. W. Pylyshyn 등은 연결주의가 인간의 언어와 사고의 관계를 실현할 수 없기 때문에 성공할 수 없다고 주장한다(Fodor & Pylyshyn, 1988[1995]). 그 비판의 핵심은, 신경망에는 체계성systematicity이 없기 때문에 연결주의의 결과물은 우연적 연합이나 조합에 불과하다는 것이다. 신경망 인공지능 발전에 기여한 스몰렌스키P. Smolensky는 그 비판이 연결주의에 문제가 되지 않는다고 대응하지만(Smolensky, 1987; 1988[1995]), 포더 등 고전적 계산주의자들은 그 대응에 설득력이 없다고 주장한다. 고전적 계산주의자는 연결주의 신경망으로는 기호의 인과력causal power을 실현하거나 설명할 수 없다고 주장한다. 고전적 계산주의와 연결주의의 논쟁을 특징짓는 개념이 바로 인과성이다.

이 장에서는 연결주의에 대한 고전적 계산주의의 비판을

검토하고, 인과의 기준들과 관련하여 연결주의가 인간 지능의 이론으로 확장될 수 있는지를 보겠다. 이를 위해 첫째, 인공 신경망의 구조와 연결주의를 소개하겠다. 둘째, 포더, 필리신 등 고전적 계산주의자가 연결주의에 제기한 체계성 문제가 무엇인지를 보겠다. 셋째, 그 문제에 대한 연결주의의 대응으로 제시된 스몰렌스키의 벡터곱vector product 이론을 보겠다. 마지막으로, 포더, 필리신과 스몰렌스키의 논쟁을 다시 검토하겠다. 이를 통해 체계성 문제가 인과와 관련하여 어떻게 고려되어야 연결주의와 고전적 계산주의 모두에 발전적 논의가 될 수 있는지를 보겠다.

1. 인공 신경망 구조와 연결주의에 대한 이해

인공 신경망은 패턴화된 연결 내에서 함께 결합된 유닛들units로 구성된다. 이들 유닛은 세 가지로 구분된다. 정보를 받는 입력input 유닛과 결과가 나오는 출력output 유닛이 있고 이들 유닛 사이에 은닉hidden 유닛이 있다. 신경망은 인간 신경체계에 유비될 수 있다. 입력 유닛은 감각 뉴런에, 출력 유닛은 운동 뉴런에, 은닉 유닛은 다른 모든 뉴런에 유비된다.

각 입력 유닛은 활성화 값을 가지는데, 이를 통해 망 외부의 특질들을 재현한다. 입력 유닛은 그것의 활성값을 그 유닛에 연결된 각각의 은닉 유닛으로 보낸다. 각 은닉 유닛은 각 활성값을 계산하는데, 그 계산 결과는 입력 유닛에서 받은 활성값이 무엇인지에 달려 있다. 이러한 계산을 거친 신호는 출력 유닛 또는 은닉 유닛의 또 다른 층으로 전달된다. 이 은닉 유닛은 같은 방식으로 입력 유닛에서 전달받은 활성값을 계산하여 다시 다른 이웃으로 전달한다. 입력 유닛이 받은 신호(정보)는 항상 연결망을 통해 확산되어 모든 출력 유닛에서의 활성값을 결정한다(Ravenscroft, 2005〔2012〕)(〈그림 6-1〉 참고).

망에서 활성화가 이루어지는 방식은 가중치weight, 또는 유닛 간의 연결 강도에 따라 결정된다. 가중치는 양의 값이나 음의 값이 될 수 있다. 음의 가중치는 유닛 간의 전송을 억제하는 것이다. 각 수용 유닛에 대한 활성화 값은 단순 활성 함수에 따라 계산된다. 활성 함수는 유닛들의 수나 구조에 따라 다양하지만 그 함수 모두는 기본 계획에서 일치한다. 함수는 모든 전송 유닛의 기여를 합한 것이다. 유닛들의 기여 결과는 활성화 값의 합이 0과 1 사이에서 조정되는 것에 따라, 또는

<그림 6-1> 인공 신경망의 구조

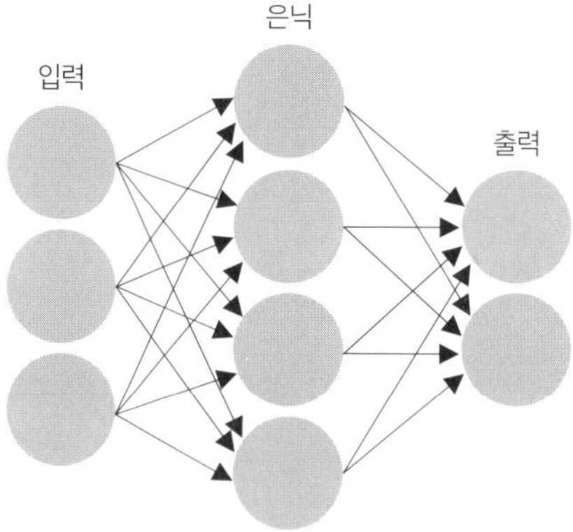

그 합이 임계 수준threshold에 이르지 않으면 활성화 값을 0에 맞추는 것에 따라 달라진다.

연결주의자는 인지적 기능을 이와 같이 유닛들의 집합으로 설명할 수 있다고 전제한다. 또한 모든 유닛은 동일한 단순 활성화 함수를 계산하는 것으로 가정한다. 이로 인해 인간의 지능을 실현하는 것은 우선적으로 유닛들 간의 가중치를 부여하는 방식에 달려 있다.

예를 들어 신경 연결망으로 연언conjunction 회로를 만들 수 있다. 각 뉴런이 활성화되었을 때 값이 1이고, 그렇지 않을 때 값이 0이라 하자. 연언 회로는 입력 유닛 A와 B가 모두 1

의 값을 가질 때에만 출력 유닛 C의 값이 1이 되고, 나머지 경우에는 0이 되는 회로이다. 연언 회로를 만들기 위해 강도(가중치)와 임계점을 조절할 수 있다. A와 C 사이의 연결 강도는 0.4, B와 C 사이의 연결 강도도 0.4, 임계점은 0.5라 하자. A와 B의 값이 1일 때, A와 B가 C에 미치는 영향의 총합은 '1 × 0.4 + 1 × 0.4', 즉 0.8이 된다. 이 값은 임계점보다 높으므로 C는 활성화되고 1의 값을 갖게 된다. 그러나 A와 B 둘 중 하나라도 0의 값을 가지면 C의 값은 0이 된다(윤보석, 2009).

2. 연결주의에 대한 고전적 계산주의자의 비판: 체계성 문제

포더와 필리신은 튜링 기계Turing machine처럼 알고리즘(논리적 체계)이 주어진 상태에서 언어의 조합성, 체계성, 산출성을 설명할 수 있다고 보았다(Fodor & Pylyshyn, 1988〔1995〕). 이런 입장이 기호주의, 또는 마음에 대한 고전적 계산주의이다. 계산주의에 따르면, 인간의 심적 상태와 심적 과정은 기호화된 정보(신호)와 이들 정보에 대한 처리 과정(정보에 대한 해석 등) 으로 해명된다. 기호화된 정보에 대한 처리는 정보에 앞서 주어진 논리적 체계(알고리즘) 를 통해 실현된다. 기호화된 정보는 유의미하면서 동시에 인과력을 갖는 구성소이다. 기호화된 정보는 심적 재현이며, 그 심적 재현에는 인과력이 있다. 따라서 원인으로서 심적 재현의 과정과 결과는 곧, 정보에 대한 처리와 그 결과인 것이다.[1]

인간의 언어에 관한 세 가지 특성인 '조합성', '체계성', '산출성'은 포더가 일관되게 주장하는 사고 언어와 깊게 관련되어 있다. 포더는 명제라는 언어적 표현은 우리가 마음에서 재

1 고전적 계산주의는 사고 언어(the language of thoughts) 를 전제한다. 따라서 심적 재현은 조합적 통사론과 의미론을 갖는다. 구조적 분자(복합적, 합성) 재현은 구조적 원자 재현과 구분된다. 구조적 분자 재현은 통사적 구성 요소를 갖는다. 이들 구성 요소는 구조적 분자 재현이거나 구조적 원자 재현이다. 분자 재현의 의미론적 내용은 그 재현의 구성적 구조와 함께 그 재현의 통사적 부분의 의미론적 내용의 함수이다. 고전적 계산주의는 복합 심적 재현, 또는 기호 구조를 주재한다. 심적 상태의 변화 과정은 심적 재현의 구조적 속성에 대해 정의된다. 고전적 계산주의의 심적 과정은 심적 재현에 작용한다. 그 심적 재현은 주어진 구조적 기술을 충족하고 그 기술을 또 다른 구조적 기술을 충족하는 심적 재현으로 변형시킨다. 예를 들어 추론의 모형에서, A & B 형식의 재현에 적용되어 그것을 A 형식의 재현으로 변형하는 조작을 인지할 수 있다. 이와 같이 심적 재현은 구조적 속성, 다시 말해 조합적(combinatorial) 구조를 가진다.

현한 사고(생각)의 언어적 표현과 같다고 본다. 명제의 논리적 구조는 우리의 마음에 재현된 사고의 논리적 구조와 같은 것이다.

조합성은 문장의 의미가 그 문장을 구성하는 단어들의 의미에서 귀결되는 특성이다. 단어의 조합이 유의미한 단순 문장을 구성하고, 이들 단순 문장의 조합이 유의미한 복합 문장을 구성하는, 그렇게 재귀적recursive 방식으로 문장을 구성하는 특성이다.

체계성은 하나의 생각에 대한 이해가 그 생각에 관련된 다른 생각을 이해하게 하는 능력이다. 유의미한 문장들 간의 추론적 관계를 이해하는 능력이다. 문장 구성 요소들의 조합과 문장들의 다양한 조합은 이들 모든 문장의 유의미성을 계속 보존한다. 그렇게 의미를 보존하는 것은 언어의 조합성과 논리적 체계성으로 설명할 수 있다.

산출성은 우리가 제한된 단어들을 학습하여 새롭고 유의미한 문장들을 무한하게 구성하는 능력이다. 또한 이미 구성한 문장들을 토대로 새로운 문장을 무한히 생성하는 능력이다. 산출성은 당연히 의미에 토대하며, 따라서 조합성과 체계성에 의존한다.

고전적 계산주의를 따르는 포더, 필리신, 맥래플린B. P. McLaughlin은 인간 지능의 특징인 체계성을 연결주의에서는 설명할 수 없다고 주장한다. 여기서 체계성은 사고의 체계성으로, 바로 언어의 체계성이다. 언어의 체계성은, 문장을 생성하고 이해하고 생각하는 능력이 그 문장과 관련된 다른 구조를 생성하고 이해하고 생각하는 능력과 본질적(내재적)으로 연결되었다는 사실을 가리킨다.

체계성이 있기 때문에 '철수가 영희를 좋아한다'를 이해하는 사람은 '영희가 철수를 좋아한다'도 이해할 수 있다. 고전적 계산주의 관점에서, 이 두 가지 이해 능력을 연결하는 것은 체계성으로 설명할 수 있다. 우리말을 사용하는 사람은 '철수가 영희를 좋아한다'의 구성소인 '철수', '영희', '좋아한다'를 마음에서 재현하고 이들 구성소의 의미로부터 문장의 의미를 연산(계산)한다. 따라서 두 번째 문장 '영희가 철수를 좋아한다'를 이해하는 것은 첫 번째 문장처럼 기호를 처리하는 과정의 또 다른 사례로 설명할 수 있다.

이처럼 기호를 처리하는 과정은 추론의 체계성도 설명한다. P&(Q & R)에서 P를 추론할 수 있으면, P&Q에서 P를 추론할 수 있는 이유를 설명할 수 있다. 물론 그 역방향 추론도 설명할 수 있다. 포더와 필리신은 신경망에서 출력된 문장과 추론은 반복에 따른 우연적 결합과 일반화에 불과하다고 본다. 연결주의 신경망에는 체계성이 내재되어 있지 않기에, 다시 말해 체계성을 재현하는 것이 아니므로 신경망이 산출한 문장은 단어들의 단순 나열에 불과하다는 것이다. 포더, 필리신이 연결주의를 비판하는 논증은 간명하다. 연결주의는 체계성을 보장할 수 없다. 따라서 인간의 인지가 체계적인 이유를 설명하지 못한다.

연결주의에 대한 그 비판이 정당한지 판단하기 위해 포더 등이 연결주의를 비판하는 근거에 주목할 필요가 있다. 우선, 재현 개념이 매우 중요하다. 여기서 재현은 심적 재현mental representation이다. 재현은 이해하기 어려운 개념이 아니다. 예를 들어 현재 우리 앞에 사과가 있다고 하자. 우리가 지금 눈앞에 있는 사과를 볼 때 우리 마음에 사과를 떠올릴 수 있다. 사과가 우리의 마음에 현시presentation된 것이다. 우리가 이제 집으로 돌아왔다. 집에는 사과가 없다. 그런데 현재 우리의 눈앞에는 사과가 없지만 얼마든지 사과를 우리의 마음에 떠올릴 수 있다. 사과가 우리 마음에 재현representation된 것이다. 물론 우리가 눈앞에 있는 사과를 보는 과정에서도 얼마든지 사과에 대한 재현은 가능하다. 그런 재현이 있기에 우리는 눈 앞에 있는 사과를 사과로 인식하고 판단하다.

계산주의자들은 심적 재현이 실재하며, 또한 원인의 역할을 한다고 본다. '영희가 철수를 좋아한다'는 문장을 내가 말할 때 내 마음에 그 문장의 재현이 있게 된다. 포더는 그런 심적 문장의 재현을 사고 언어the language of thought라 부른다. 이 심적 재현은 또 다른 심적 재현의 원인이 되며 이런 방식으로 언어적 의미를 실현하는 원인이 된다. 연결주의에 대한 포더, 필리신의 비판에 따르면 연결주의에서 구성소를 이루는 입출력값(뒤에서 소개될 벡터값)은 심적 재현이 될 수 없으며, 설령 심적 재현이라 하여도 원인의 역할을 할 수 없다.

3. 체계성 문제에 대한 연결주의자의 응답: 스몰렌스키의 이론을 중심으로

연결주의 진영의 학자들은 포더와 필리신이 제시한 체계성 문제에 대해 다양한 방식으로 대응한다(Smolensky, 1987; 1988〔1995〕). 한 가지 대응은 일종의 피장파장 논리이다. 고전적 계산주의도 의미론적으로 강한 체계성 문제에 연결주의보다 더 나은 답을 주는 게 아니라는 것이다. 의미론적으로 강한 체계성이란 무엇인가? 컴퓨터의 연산으로는 인간의 마음을 실현할 수 없다는 설J. Searle의 '중국어 방 논증'에 주목할 필요가 있다(Searle, 1980).

중국어를 전혀 모르는 사람이 방 안에 있다고 하자. 방 안에는 매뉴얼이 있다. 매뉴얼에는 방 안으로 들어오는 중국어 문장에 대한 응답으로 어떤 중국어 문장을 방 밖으로 내보내야 하는지에 대해 나와 있다. 이 사람이 수행하는 작업은 중국어를 알고 있는 사람의 작업처럼 보인다. 그러나 이 사람은 중국어를 기호나 이미지로 볼 뿐이지 중국어를 이해하는 것은 아니다. 이 사람처럼 컴퓨터에게 명령으로 주어진 중국어는 단순 기호에 불과하다. 이 사람처럼 컴퓨터도 중국어의 의미에 대한 이해 없이 기호에 대한 명령을 수행하는 통사적 기계에 불과하다. 지향성intentionality을 가진 의미론적 기계가 될 수 없는 것이다.

지향성은 방향성directedness이다. 재현에 대해 다시 살펴보자. 우리가 사과를 마음에서 재현할 때 우리의 마음은 사과를 향하고 있다. 그렇게 무엇에 대해 향하는 방향성이 지향성이다. 예를 들어 퍼트넘H. Putnam이 제시한 유명한 개미의 그림을 보자(Putnam, 1981). 개미가 자신의 움직임으로 모래 위에 이미지를 남겼는데, 그 이미지가 영국 윈스턴 처칠Winston Churchill 수상의 모습과 같다고 하자. 개미가 자신의 마음에 처칠 수상의 이미지를 가진다고 가정하자. 우리는 그때 개미가 그 이미지를 가질 수 있어도, 처칠 수상에 대한 의미를 가진다고 생각하지는 않을 것이다. 다시 말해 개미가 처칠 수상의 의미를 향하는 재현을 보여준다고 말하지 않을 것이다.

다시 중국어 방 논증으로 돌아가서, 설은 컴퓨터가 중국어로 의사소통을 하는 것처럼 보이지만 그에 대한 재현을 보여줄 수 없기 때문에, 구문론(통사론)적 작업만을 수행하는 입출력 기계에 불과하다고 결론 내린다. 설은 의미를 향한 재현으로서 지향성을 갖는 것을 의식을 갖는 것으로 본다. 그러나 입출력 기계로서 컴퓨터는 지향성을 가질 수 없기 때문에 인간의 의식을 가질 수 없다고 본다.

연결주의자들은 연결주의가 그처럼 강한 의미론적 체계성을 설명하는 데에 어려움이 있지만 약한 통사론적 체계성에 대해서는 충분히 답을 줄 수 있다고 본다. 스몰렌스키는 포더와 필리신의 비판에 대응하여 연결주의의 구성소 구조에 심적 재현을 할당하는 방식을 설계한다(Smolensky, 1987; 1988〔1995〕). 그는 변수와 변수값을 묶는 연결주의 기술을 발전시킨다. 이들 변수와 변수값 모두는, 활성화 패턴 벡터(유닛에 주어지는 값들)로 다시 나타나는 분산distributive 재현을 위해 쓰인다. '텐서곱tensor product 변수 묶기'라 부르는 이 방법은 복잡해 보이지만 아이디어는 단순하다.

예를 들어 '철수가 영희를 좋아한다'라는 문장(S)을 보자. 이 문장은 통사적으로 문장의 구성소로 분해될 수 있다. 문장의 통사적 구조는 〔(철수)NP {(좋아한다)VP (영희)NP} P〕S이다. 문장(S)은 우선 명사구(NP)와 술어(P)로 분해되고, 술어(P)는 다시 동사구(VP)와 명사구(NP)로 분해된다. 이들 분해된 구성소가 통사적 역할roles이나 위치positions로, 다시 말해 변수로 고려된다. 변수로서 통사적 역할이나 위치는 특정 어휘lexical 항목으로 채워져야 한다. 이 예시에서 필러filler(다시 말해, 변수값)는 '철수', '좋아한다', '영희'가 된다. 이와 같이 어휘들이 대응하는 특정 필러 벡터filler-vector의 집합과 통사적 위치(예를 들어, NP-벡터, P-벡터, VP-벡터 등)를 위한 특정 역할 벡터의 집합이 가정된다(여기서 어휘들은 연결주의 방식의 재현으로 볼 수 있다).

필러 벡터와 역할 벡터를 묶기를 원한다면, 다시 말해 '영희'를 재현하는 벡터를 NP-벡터와 묶는다면, 이들 두 벡터를 곱하여 텐서곱을 얻어야 한다. 그 결과로 NP-위치에 있는 '영희'에 대한 텐서곱 벡터를 재현하게 된다. 같은 방식의 연산이 VP-위치에 있는 '좋아한다'에도 적용되어 또 다른 벡터를 재현하게 된다. 다음으로, 두 벡터를 중첩하여superimpose (다시 말해, 두 벡터를 더하는 단순 벡터 합으로) 새로운 필러 벡터를 얻는데, 이 벡터는 술어에 대한 P-벡터의 제약을 받게 된다. 같은 방식(텐서곱 연산)으로 '철수'를 재현하는 벡터와 NP-벡터를 묶은 후에 문장 전체에 상응하는 하나의 벡터를 얻을 수 있다. 그 벡터는, '철수'에 한정된 NP-벡터와 '영희를 좋아한다'에 한정된 P-벡터를 중첩한 것이다. 이와 같이 연결주의에서는 연결주의 망을 여러 구성소로 분해하여 벡터로 재결합하는 재귀적 방식으로 '철수가 영희를 좋아한다'를 재현하게 된다.

4. 연결주의에 대한 계산주의자의 비판: 인과성 문제

고전적 계산주의의 관점에서 포더와 필리신은 연결주의에 대해 두 가지 문제를 일관되게 제기한다(Fodor & Pylyshyn, 1988〔1995〕). 첫째, 연결주의의 각 유닛에서 유닛을 구성하는 노드는 어떤 의미도 갖지 않는다. 다시 말해 심적 재현이 아니므로 계산주의의 구성소처럼 인과력을 가질 수 없다. 둘째, 연결주의의 구성소들에서 산출된 결과는 반복된 과정을 통하여 우연히 얻어진 산물에 불과하다. 연결주의가 약한 조합성을 보여줄 수 있음에 대해서는 계산주의자도 동의한다. 그러나 포더와 필리신에 따르면, 신경망 컴퓨터가 산출한 문장들은 우연적 조합들로부터 나오는 상관관계의 일반화에 불과하다. 따라서 포더와 필리신은 그런 우연적 일반화가 언어의 체계성을 재현하는 것으로 볼 수 없으며, 재현을 성공할 수도 없다고 본다.

여기서 주목해야 할 것은 체계성이 갖는 인과력이다. 체계성은 다양한 언어 표현을 생산하는 원인의 역할을 하고, 따라서 생산된 언어 표현은 체계성의 필연적 결과이다. 체계성은 생산된 언어 표현을 인과적으로 설명하는 것이다. 스몰렌스키의 이론에 대한 포더와 필리신의 비판의 핵심은, 연결주의의 벡터와 텐서곱은 체계성의 그러한 인과력을 가질 수 없고, 계산주의의 구성소에 있는 인과력이 연결주의의 구성소에는 없다는 것이다. 이 주장의 근거는, 연결주의의 구성소에는 구조에 반응하여 원인의 역할을 하는 심적 재현이 없다는 데에 있다.

연결주의는 의미(내용)를 연결망의 유닛(또는 노드)에 할당하지만, 계산주의는 의미(내용)를 표현(기호)에 할당한다. 두 이론 모두 의미를 할당하는 데에서 일치하지만, 이들 내용의 담지자 간에 유지되는 관계는 다르다. 연결주의에서는 유닛들 간의 인과적 연결성만을 인정한다. 연결망에서 작용과 억제가 이들 유닛 사이에 흐를 때 유닛들이 어떻게 연결되는지에 대해서만 우리는 알 뿐이다. 반면에 계산주의는 의미의 담지자가 가정하는 의미론적 평가 대상들 간의 인과적 관계뿐 아니라 구조적 관계를 인정한다. 구조적 관계를 이루는 구성소가 원인으로서 역할을 한다. 계산주의에 따르면, 물리적으로 사례화된 기호의 체계만이 전부가 아니다. 결국, 어떤 시스템이든 기호 표현의 구조에 의존하지 않고 실행된다면 계산주의를 벗어난 것이다.

5. 인과성 문제에 대한 연결주의자 스몰렌스키의 대응

포더와 필리신의 비판에 대응하여 스몰렌스키는 세 가지를 주장한다(Smolensky, 1987; 1988〔1995〕). 첫째, 텐서곱 재현을 발전시키는 데에 있어 포더와 필리신이 주장하는 인과 효과가 연결주의의 목표는 아니다. 목표는 연결주의 시스템의 설계 구조이다. 복잡한 체계적 실행(예를 들어, 언어 프로세싱)과 그 체계성에 대한 수학적 설명을 보여주는 것이다. 둘째, 물리학에서도 구성소 구조로 체계성을 설명하는데, 이들 구성소가 원인 효과를 가져야 한다는 주장은 틀린 것이다. 셋째, 인과적 설명이 확실한 증명으로 충분하지 않음에도, 그것을 유일한 방법으로 주장하는 것은 틀렸다.

스몰렌스키는 기계의 정보처리 과정에 있어, 기호나 벡터보다 하부 수준에 있는 기계어 수준의 0, 1 코드, 또는 그 코드를 실현한 물리적 전기 현상을 실제 원인으로 본다. 스몰렌스키는 기호 수준에서 원인 효과를 인정하지 않는다.

6. 포더와 맥래플린의 재응답: 허구적 인과론으로서 연결주의

포더와 맥래플린은 텐서곱들이 구성소 구조를 가질 수 있고, 재현을 할 수 있다고 본다(Fodor & McLaughlin, 1990〔1995〕). 그러나 텐서곱들이 인과 과정에 반응하는 구성소 구조를 가지는지, 다시 말해 체계성을 설명할 수 있는 구성소 구조를 갖는지에 대해서는 매우 회의적이다. 예를 들어 6이 '3 × 2'로 재현될 수도 있는 것만으로는 컴퓨터와 뇌에서의 인과 과정에 영향을 줄 수 없다고 본다. 포더와 맥래플린은 컴퓨터와 뇌에서 6은 '6'으로 재현될 수 있어야 한다고 주장한다.

포더와 맥래플린은 스몰렌스키의 이론에 대한 비판을 다음과 같이 이어 간다. 연결주의에서는 체계적인 인지 능력이 가능하다는 것을 보여주는 게 아니라, 어떻게 그 체계성이 필연적인지를 설명해야 한다. 어떻게 그 체계성이 법칙이 될 수 있는지, 연결주의의 가정이 어떻게 인지 능력을 체계적인 것으로 만드는 법칙이 될 수 있는지를 설명해야 한다.

체계성이 법칙이 된다는 의미는 무엇인가? 계산주의에 따르면, '철수가 영희를 좋아한다'를 재현할 수 있는 조건이 충족된다면 '영희가 철수를 좋아한다'를 재현할 수 있는 조건도 충족할 수밖에 없다. 그 이유는, '철수', '영희', '좋아한다'의 각 재현이 '철수가 영희를 좋아한다'의 (복합) 구성소의 재현이고, 우리는 재현의 구성소를 개별화해야 하기 때문이다. 따라서 고전적 계산주의의 구성소는 상상의 가공물이 될 수 없다. 그러나 연결주의에서는 우리가 '영희가 철수를 좋아한다'를 생각할 수 없어도 '철수가 영희를 좋아한다'를 생각할 수 있는지에 대해 중립적이다. 전자를 생각할 수 없어도 후자에 대해 생각할 수 있다는 것이다. 그러나 자연의 법칙을 따를 때, '영희가 철수를 좋아한다'를 생각할 수 없다면 '철수가 영희를 좋아한다' 역시 생각할 수 없다. 따라서 연결주의는 체계성을 설명할 수 없는 것이다.

7. 논쟁에 대한 평가와 전망: 인과의 망으로서 신경망에 대한 이해 가능성

스몰렌스키의 텐서곱 재현에 대한 포더, 필리신, 맥래플린의 비판은 두 가지로 정리된다. 첫째, 연결주의의 텐서곱 재현은 구성소에 토대한 재현을 의도하였다. 그렇다면 심적 재현(사고 언어)이 인지 과정의 원인이 되기를 의도한 것이다. 따라서 이는 고전적 계산주의의 확장에 불과하다. 둘째, 벡터만으로는 여전히 독립된 구성소의 의미를 실현한 것이 아니므로, 그 벡터에는 원인의 힘이 없다. 따라서 벡터곱 재현으로 조합성이나 생산성에 접근할 수는 있지만 체계성을 보여주는 데는 여전히 미흡하다.

저자의 생각에 첫 번째 주장은 연결주의자에게 문제가 되지 않는다고 본다. 오늘날 연결주의자들은 연결주의가 새로운 계산주의로 간주되는 것을 거부하지 않는다. 그러나 두 번째 주장은 여전히 쟁점 사항이다. 포더 등 계산주의자는 연결주의의 벡터곱으로 실현된 단일 문장이 또 다른 복합 문장의 원인으로 간주될 수도 있다고 본다. 그러나 그 단일 문장을 이루는 각 구성소가 여전히 독립된 의미의 단위는 아니라고 본다. 다시 말해 연결주의의 벡터곱은 튜링 기계의 테이프에 쓰인 기호가 갖는 원인의 힘을, 즉 그 기호의 의미를 담고 있지 않다는 것이다. 그러므로 포더는, 연결주의에서는 한 문장의 의미가 그 문장에 관련된 또 다른 문장의 의미를 추론할 수 있게 하는 체계성을 여전히 가질 수 없다고 본다.

그러나 저자는 계산주의자의 이러한 주장에는 문제가 있다고 본다. 계산주의자는 튜링 기계에서 구성소로서 기호가 원인의 역할을 한다고 주장하지만, 그 원인의 역할이 어떻게 가능한지에 대해서는 여전히 구체적인 답을 주지 않고 있다. 인간이 문장을 생성할 때, 그 인간의 마음과 그 마음에 상응하는 뇌에 문장이 생성되고 있다는 사고 언어 가설을 반복할 뿐이다. 사고 언어 가설에 따라 컴퓨터의 의미 처리도 설명하는 것이다. 따라서 사고 언어 가설이 인정되지 않는다면 연결주의를 비판하는 계산주의자의 두 번째 주장이 설득력을 갖기는 어렵다. 계산주의가 더 우위에 있다고 볼 수 없는 것이다.

물론 계산주의자는 사고 언어 가설을 전제할 때 구성소의 재현과, 연결주의에서 구성소의 재현이 다름을 다음과 같이 강조할 것이다. '계산주의에서 구성소가 재현하는 것은 통사적 체계나 구조를 전제하고 이것과 함께 이루어지는 재현이다. 반면, 연결주의에서 구성소가 재현하는 것은 그런 통사적 체계나 구조를 전제하여 이루어지는 재현이 아니다.' 이에 따라 포더 등은 계산주의에서 구성소의 재현은 필연성, 또는 필연적 법칙에 따르지만 연결주의에서 구성소의 재현은 우연성, 또는 우연적 일반화에 따른다고 주장한다.

저자는 포더 등 계산주의자와는 다른 방식으로 계산주의와 연결주의를 해명할 필요가 있다고 본다. 계산주의자가 주장하는 체계성은 연역 논리의 체계에 따른 것이다. 반면에 연결주의자가 주장하는 체계성은 귀납 논리의 체계에 따른 것이다. 연결주의에서도 체계성은 전제되지만 이는 연역 논리적 체계성과는 개념적으로 다른 귀납적 체계성이다.

연역 논리의 핵심은 진리 보존적truth-preserving 논증이다. 연역 논증에는 논증의 타당성과 부당성만이 있고, 타당한 논증에 (논증과) 무관한 전제가 추가되어도 그 논증의 타당성에 영향을 주지 않는다. 또한 타당한 논증에 필요한 전제가 누락되면 그 논증은 바로 부당한 논증이 된다. 따라서 연역 논증은 단조적monotonic이다.

반면에 귀납 논리는 확장적ampliative, 비단조적non-monotonic 논증이다. 귀납 논증에서는 귀납적 지지도가 중요하고, 어떤 전제가 추가되고 누락되는지에 따라 전제가 결론을 지지하는 정도, 다시 말해 결론에 대한 신뢰도가 계속 변화한다. 귀납적 지지의 정도는 확률로 표현되며, 따라서 연역 논리적 의미에서 타당한 논증과 부당한 논증은 각각 확률 1이나 확률 0으로 표시될 수 있다. 그리고 이러한 확률 1이나 0은 귀납적 지지 정도를 가리키는 수많은 확률 중 일부일 뿐이다.

따라서 연결주의에서 벡터 구성소의 원인의 역할과 벡터곱에 대한 인과적 설명은, 연역 논리적 필연성이나 결정적 인과성, 또는 법칙적 필연성을 전제하지는 않는다. 그보다는 귀납적 지지도로서 비결정적 인과성, 또는 확률적 인과성과 관련되는 것이다.

정리하면, 고전적 계산주의에 근거하여 현재의 연결주의 이론을 비판하는 것은 재고되어야 한다. 심적 재현으로서 의미의 실재성과, 심적 재현의 원인으로서의 역할은 고전적 계산주의에서도 여전히 해명이 필요한 문제이다. 심적 인과와 관련하여 계산주의가 연결주의보다 우위에 있다고 볼 수 없다. 계산주의자의 주장대로 의미의 최소 단위로서 구성소의 원인 역할과 형식적 체계를 전제하는 것이 언어의 체계성을 실현하는 데에 유일한 필요조건이라 볼 수 없는 것이다. 연결주의에서도 또 다른 개념으로, 예를 들어 수많은 반복에 따른 우연적 발생과 같은 창발emergent 현상 등으로 구성소의 원인의 역할과 형식적 체계에 따른 언어의 체계성을 설명할 수도 있다. 물론 계산주의자는 연결주의의 재현이 심적 재현을 의도하였다면, 그 심적 재현은 사고 언어와 같은 심적 재현이 아니라고 주장할 것이다. 그러나 계산주의의 심적 재현 또한 심적 인과와 관련하여 여전히 열려 있는 문제이므로, 계산주의자의 그 주장을 수용해야 할 필요는 없다.

포더 등 계산주의자들의 비판은 병렬 분산적 재현보다는 국소적 재현에 주목한다고 볼 수 있다. 국소적 재현은 포더 등이 주장하듯 연결망의 각 노드(유닛)에 정보를 입력하는 것이다. 스몰렌스키가 제시한 벡터곱 모형도 국소적 재현의 방식을 보여주고 있다. 그러나 국소적 재현은 고전적인 연결주의의 방식이다. 현대 연결주의의 병렬 분산적 재현 방식에서는 계산주의자들의 비판이 성립하기 어렵다(Chalmers, 1993).

예를 들어, '철수가 순이를 좋아한다'라는 문장에 대해 국소적 재현은 하나의 노드에 '철수', 다른 노드에 '순이', 또 다른 노드에 '좋아한다'를 입력값으로 준다. 그러나 병렬 분산적 재현은 '철수', '순이', '좋아한다' 각각에 대해 여러 노드가 동시에 함께 활성화되고, '철수가 순이를 좋아한다'라는 문장 자체에 대해 또한 여러 노드가 함께 활성화된다. 병렬 분산적 재현에서는 문장의 구조와 그 구조의 체계에 대해 여러 노드가 동시에 함께 관여하는 것이다. 문장 구조와 그 구조의 체계성에 대한 충분한 학습이 이루어진다면, '철수가 순이를 좋아한다'에서 '순이가 철수를 좋아한다'를 이끌어 낼 수 있다.

이와 같이 병렬 분산 재현에서는 노드들의 전체적 구조와 연결이 문장 구조 그 자체의 재현을 가능하게 하고, 그 재현은 또 다른 문장 구조의 재현에 대한 원인의 역할을 한다. 현재 인공지능 분야에서 자연 언어 처리는 계속 큰 성과를 보여주고 있다. 그 성과에 대해 계산주의자들의 비판이 얼마나 설득력을 가질 수 있을지는 흥미로운 문제이다. 물론 포더 등 계산주의자들이 언어에 대한 재현을 인간 의식과 연결하여 연결주의의 분산 재현을 비판할 수도 있다. 그러나 인간 의식과 연결된 강한 의미론의 관점에서 계산주의 역시 더 나을 건 없는 것으로 보인다. 재현이라는 마음의 내용이 원인의 역할을 한다는 심적 인과는 계산주의가 전제하고 있는 것인데, 이 심적 인과라는 전제 역시 아직 충분히 해명되지 못했고 논쟁의 여지가 다분하다.

연결주의의 병렬 분산 재현에 대해 인과력이나 인과 법칙적 필연성을 부여할 수도 있다. 그렇다면 병렬 분산이 어떻게 그 결과를 산출하였는지에 대한 인과 구조나 메커니즘을 물어야 할 것이다. 그러나 그에 대한 답은 아직 분명하지 않다. 기계학습 인공지능이 산출한 어떤 결과에 대해, 왜 그런 결과를 산출하였는지를 설명하지 못한다. 하지만 병렬 신경 연결망의 연결을 인과 구조로 이해할 수 있다면, 인과 모형 이론이 역할을 할 것으로 기대할 수 있다. 신경 연결망은 인간 두뇌 뉴런의 연결을 모델로 삼은 것이다. 따라서 인간 두뇌 뉴런의 연결관계를 인과관계로 이해하고 그 관계를 인과 모형으로 해명할 수 있다면, 인공지능 신경망도 인과 모형으로 해명할 수 있다는 기대가 가능하다.

7장

두뇌의 자기공명영상 데이터에 대한 인과 추론

인간의 뇌 기능 연구는 뇌 영상을 촬영하는 방법의 발달과 함께 도약할 수 있게 되었다. 대뇌 피질에 전극을 삽입하여 신호를 측정하는 방법을 통해 뇌의 특정 영역에 대한 세부적인 정보를 전달한다. 뇌를 구성하는 기본 단위인 뇌세포 또는 신경세포(뉴런)의 활동을 직접 측정하려면 두개골에 탐침을 꽂고 신경세포를 살펴야 한다. 그러나 한 번에 측정하는 신경세포의 수가 적고 인간에게는 적용하기 어렵다는 한계가 있다. 따라서 탐침을 꽂지 않고도 인간 두뇌의 활동을 측정할 수 있는 방법이 필요하였다.

기능적 자기공명영상functional Magnetic Resonance Imaging(이하

fMRI)은 살아 있는 뇌의 활동을 간접적으로 측정하는 기법이다. fMRI가 발견된 1990년대 이후, fMRI는 탐침을 꽂지 않고도 인간의 두뇌를 탐구할 수 있는 매우 유망한 방법이 되었다. 신경과학에서 특별히 뇌와 인지 과정의 관계를 탐구하는 분야인 인지신경과학cognitive neuroscience의 많은 연구는 fMRI로 뇌 활동을 측정한다(박준석, 2016).

이 장에서는 fMRI 데이터로 뇌 영역 간의 연결을 분석하여 뇌 기능을 탐구하는 방법에 주목한다. 뇌 영역 간의 연결을 인과관계로 분석하는 데에 인과 모형 이론이 어떻게 기여할 수 있고, 앞으로 해결되어야 할 문제는 무엇인지 살펴보겠다.

1. 기능적 자기공명영상과 그 측정 단위로서의 복셀

fMRI의 원리는 다음과 같다. 우리가 뇌에서 일어나는 정보처리 과정을 직접 관찰할 수는 없다. 그런데 모든 세포가 그렇듯이 신경세포도 쉬고 있을 때보다 활동할 때 더 많은 산소를 사용한다. 신호를 활발히 처리하는 신경세포는 그렇지 않은 신경세포보다 산소를 더 많이 소모한다. 서로 다른 뇌 영역에서 혈액을 통해 운반되는 산소의 양(포화도)을 측정한다면, 어떤 영역에서 신호가 활발하게 처리되는지 확인할 수 있다. 그런 측정을 '혈액 내 산소 수준에 의존한 대조Blood-Oxygen-Level Dependent(BOLD) contrast'라 부른다. fMRI는 BOLD 신호를 탐지하여 특정 상황이나 실험 조건에서 뇌의 어떤 영역이 더 활성화되었는지를 확인할 수 있게 한다. 이처럼 BOLD를 이용하여 뇌의 어떤 영역들이 어떤 인지 과정에 관련되었는지를 탐구하는 것이 매핑mapping이다.

매핑을 위한 실험은 다음과 같이 진행한다. 피실험자를 fMRI 기계 안에 위치하게 하고 특정한 인지 활동을 수행하게 한다. 예를 들어, 피실험자가 fMRI 안에 설치된 컴퓨터 화면을 보며 순서대로 제시되는 숫자를 기억하게 하고 나중에는 외우게 한다. 연구자는 피실험자가 이러한 활동을 하는 동안 fMRI 기계로 뇌를 촬영한다. 이로부터 얻은 BOLD 자료를 분석하여 뇌의 어떤 영역이 인지 과정 동안 산소를 많이 소모하였는지, 따라서 뇌의 어떤 영역이 인지 과정에 깊게 연관되었는지를 확인하게 된다.

뇌의 신경세포는 매우 작을 뿐 아니라, 그 수도 약 1천억 개로 추산된다. 신경세포가 활성화할 때 생성하는 신호도 매우 미세하므로, 그 신호 각각을 분석하는 것은 사실상 불가능하다. 따라서 fMRI로 신경세포 각각을 촬영하기는 어렵다. 뇌 과학자들은 3차원으로 재현된 뇌 영상 데이터를 분석하는데, 그 데이터를 복셀voxel이라 부른다. 복셀에 대한 분석으로 신경세포 '집단'이 활성화된 수준을 측정한다. 복셀 각각을 단위로 분석하는 것에서 유의미성을 찾지 못할 수도 있다. 그러한 경우, 복셀들의 집단을 기본 단위로 측정한다.

복셀이나 복셀 집단의 활성화를 확인하려면 뇌 영상 데이터를 분석하는 과정이 있어야 한다. 뇌 영상 데이터를 분석하는 데에 대조 실험을 활용한다. 인지 과제를 수행한 실험 집단과 인지 과제를 수행하지 않은 통제 집단을 대조하여, 실험 집단에서 복셀이 더 많이 활성화되었는지를 검증한다. 다음 절에서 인과 모형으로 뇌 기능의 연결성을 어떻게 분석하는지를 보겠다.

2. 뇌 기능의 효과적 연결성을 해명하기 위한 인과 모형의 역할과 과제

뇌와 뇌 영역에서의 인과에 대한 질문은 인지신경심리학, 인지심리학, 계산모형 등의 분야에서 꾸준히 제기되어 왔다. 뇌에 관한 관찰에서 가장 올바른 인과 정보를 추출하는 방법은 특별히 중요하였다. 과거에는 뇌의 특정 기능을 뇌의 특정 영역에 일치시키는 방법에 주로 관심을 가졌다. 그러나 fMRI 뇌 영상 데이터는 뇌 연구의 새로운 전환점이 되었다. 특히 뇌의 한 영역이 다른 영역에 어떻게 영향을 주는지에 대한 '(인과) 효과적 연결성effective connectivity'은 뇌 연구에서 새로운 연구 패러다임으로 주목을 받았다(Friston, Frith et al., 1993; Friston, 1994; 2005; 2011).

인과 모형의 관점에서 효과적 연결성에 대한 연구는 다양한 통계적, 기계학습적 방법을 이용하여 fMRI 영상 데이터를 인과 모형으로 전환하는 것이다. 뇌의 관심 영역들ROI: Regions Of Interest을 분석하면서 이들 영역 간의 인과관계를 추론한다. 인과의 변수들은 ROI를 표현한 복셀의 집합이 된다(Hanson & Glymour, 2010). 앞서 얘기했듯 복셀은 데이터를 픽셀로 표현한 것으로, 3차원 입체로 표현한 데이터이다.

최근 ROI의 인과 구조를 밝히는 데에 인과 모형 이론이 활용되고 있다. 특히 SGS의 인과 모형 이론에 대한 활용이 많아지고 있다. 인과 모형 이론의 요소와 조건들이 ROI의 인과 구조를 밝히는 데에 중요한 역할을 한다(Hanson & Glymour, 2010). ROI에서 원인이 된다는 의미는, 뇌의 한 조직 X가 행위자의 행동을 초래하거나 뇌의 다른 조직에 영향을 준다는 것이다. 그 의미는 다음을 논리적으로 함축한다. X를 변형하거나 제거하는 이상적인ideal 개입이 가능하고, 오로지 이 개입을 통해서만 행동 및 다른 뇌 조직에 영향을 주게 된다면, 그 개입은 행동을 바꾸거나 뇌의 다른 조직을 변형할 수 있다는 것이다. 인과 모형의 변수로 해명하면 다음과 같다. 재현된 다른 모든 변수를 고정하였을 때 X에 대한 이상적 개입이 Y에 대한 공변covariation으로 귀결된다면(다시 말해 X에 따라 Y도 동시에 변한다면), X는 Y의 직접 원인이다.

3장에서 보았듯이 DAG으로 표현된 인과 모형은 인과 베이즈 망으로 해석될 수 있다. 인과 모형의 마르코프 조건은 DAG의 인과 구조에 따른 확률 분포를 보여준다. DAG의 노드들과 이들의 관계는 인과 모형의 변수들과 이들 변수의 결합joint 확률 분포이다. 인과 모형의 충실성 조건은 인과 모형의 확률 분포에 따른 DAG의 인과 구조를 보여준다. 효과적 연결성 관계를 DAG으로 재현(표현)하는 것은 일반적인 방법이 되었다. DAG에서 노드는 뇌 영역을 재현하고, 일방향 화살표는 한 영역에서 또 다른 영역으로의 직접 인과 효과를 재현한다.

한편, fMRI 데이터에 대해 인과 구조를 모형화하고 해명하는 데에 해결해야 할 여러 문제가 있다. 핵심이 되는 두 가지 문제를 보자. 첫 번째 문제는, 데이터에 대해 양립 가능한 다수의 인과 모형이 있을 때 최적의 인과 모형을 찾는 것이다. 뇌 영역 간의 인과관계를 보여주는 데에 있어 가장 큰 문제는 엄청난 수의 인과 모형들이 있다는 것이다. 노드의 수에 비례하여 DAG의 수가 엄청나게 많을 것이다. 이미지 데이터가 효과적 연결성의 특성을 보여주는 것이라면, 신뢰할 수 있고 계산이 가능한 방법으로 후보 모형들을 찾을 수 있어야 한다. 그렇게 후보 모형을 탐색하는 것이 통계적 추성에 대한 문제이다. 그런데 이 문제의 답을 찾는 것이 쉽지는 않다. 동일한 이미지 데이터에 대해 다양한 인과 구조를 추정할 수 있고, 이에 따라 다수의 DAG이 양립 가능하게 된다. 이들 DAG의 집단이 마르코프 동치 집단이다. 마르코프 동치 집단에서 모든 DAG 노드의 구성은 같다. 예를 들어, A → B와 A ← B는 동일한 마르코프 동치 집단에 속한다(Ramsey, Hanson et al., 2010).[1]

두 번째 문제는, 잠재latent, 또는 은닉hidden 변수를 어떻게 다루어야 하는지에 대한 것이다. 따라서 이들 변수를 포함하였을 때 간접적 인과 연결성을 어떻게 측정할 수 있는지를 묻게 된다. 혈류 역학의 반응에 대한 복셀을 측정하기 위하여 변수를 사용하지만, 이들 변수의 모형들로 영역 간에 이루어지는 신경 영향들의 하부 구조를 보여주기는 어렵다. 그래픽 인과 모형의 마르코프 조건은 확률의 조건부 독립성 관계를 구체화한 것이다. 그러나 측정된 확률 변수들의 분포에는 잠재 변수가 포함되어 있다. 따라서 마르코프 조건에 따른 독립적 관계가 항상 유지되지는 않는다(Ramsey, Hanson et al., 2010). fMRI에 적용된 어떠한 인과 추론 방법이든, 잠재 변수의 통계적 귀결을 전달할 수 있어야만 한다. 이론적으로는

1 그러나 이는 순환형 다이어그램의 동치 집단에는 해당되지 않는다. 따라서 fMRI에서 전방향 하부 구조를 발견하는 데에 더 제약이 따르는 문제가 있다.

잠재 변수에 대한 값을 추정할 수도 있다. 그러나 노이즈noise를 추정하게 될 수도 있기 때문에 허위 추정된 연결의 가능성은 여전히 남아 있다.

이러한 문제들은 다음과 같이 정리할 수 있다(Hanson & Glymour, 2010). fMRI의 뇌 영상 데이터에 토대한 ROI의 정보는 통계적 상관관계로 주어질 것이며, 동일한 상관관계에 대해 다양한 인과 구조들이 동시에 양립할 수 있다. 이들 다양한 인과 구조에서 ROI에 대한 최적합 인과 구조를 판명해야 하는 문제가 발생하는 것이다. 〈그림 7-1〉과 〈그림 7-2〉의 각 화살표 위에는 각 변수가 다른 변수에 대해 갖는 원인 효과(영향) 정도를 t값t-value으로, 각 변수가 최적합 상위 1퍼센트에 속할 확률은 p값p-value으로 원래는 함께 표현된다. 간명한 이해를 위해 그 값들을 여기서는 생략하였다. IPL, STG, MFG, MTG, MedFG는 뇌의 각 영역을 가리키는 명칭의 축약어로, 여기서는 인과의 연결항으로서 변수가 된다.

두 그림에는 중요한 차이가 있다. 〈그림 7-1〉에서는 숨겨진, 잠재latent 변수를 고려하지 않았지만, 〈그림 7-2〉는 주어진 변수들이 잠재 변수로서 갖게 될 영향을 가정한 것이다. 잠재 변수로서의 영향을 가정하였을 때, 서로 다른 여러 인과 구조가 양립하며 제시된 것을 알 수 있다. 이로부터 최적합 인과 구조가 무엇인지 묻는 문제가 발생한다.

〈그림 7-1〉 잠재(은닉) 변수의 영향이 배제된 인과 모형

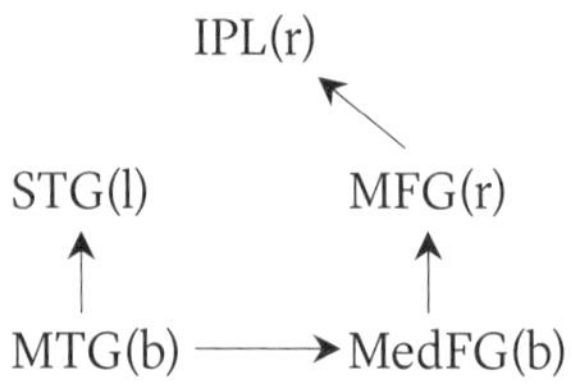

〈그림 7-2〉 양립 가능한 잠재(은닉) 변수 인과 모형들

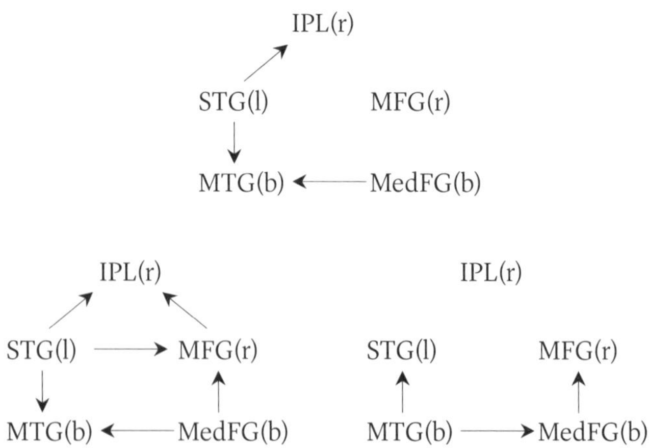

8장

설명 가능한 인공지능에서 인과적 설명의 역할과 전망

설명 가능한 인공지능explainable AI, XAI에 대한 뉴스와 논의가 미디어를 통하여 최근에 자주 언급되고 있다. 설명 가능한 인공지능은 미 국방고등연구원Defense Advanced Research Projects Agency(이하 DARPA)에서 처음 제시한 개념이다(DARPA, 2016). 설명 가능한 인공지능의 필요성은 기계학습 인공지능의 특성에서 나온다. 기계학습 인공지능은 방대한 데이터에 대한 학습으로 새로운 결과를 생성하는 알고리즘을 따른다. 그런데 인공지능이 딥러닝 등의 기계학습으로 새로운 결과를 산출하였을 때, 우리는 그 결과가 어떤 과정을 통하여 나왔는지를 투명하게 알 수 없다. 심리학 이론에서 행동주의에 제기된 문제와 비슷하다. 행동주의에서는 행동이 곧 심리적 상태이다. 심리적 상태는 주체에게 주어진 입력 정보와 그 주체에게서 산출된 출력 정보의 관계이다. 하지만 입력에서 출력까지의 과정은 알 수 없는 일종의 블랙박스와 같다. 기계학습 인공지능의 이와 같은 특성이 왜 문제인가?

구글Google에서 개발한 인공지능이 인종에 대한 편견을 보여준 사건이 있었다.[1] 마이크로소프트Microsoft에서 개발한 인공지능이 정제된 언어를 학습하였음에도 모욕적인 발언을 하고, 아마존Amazon에서 개발한 인공지능이 특정 젠더에 편향된 판단을 하는 사건도 있었다. 이들 사례에서 인공지능이 왜 그렇게 반응하였는지는 데이터의 편향성 등으로 설명할 수 있다. 그러나 편향성이 적은 데이터로 인공지능이 학습하여도 그 결과가 무엇이 될지를 정확히 예측할 수 없다. 정확한 예측이 가능하려면 우선 인공지능의 전체 과정을 투명하게 설명할 수 있어야 할 것이다. DARPA가 설명 가능한 인공지능XAI을 개발하는 프로젝트를 진행한 중요한 이유이다.

---

1 구글에서 카메라 어플리케이션으로 개발한 인공지능 구글 포토가 흑인 커플의 얼굴을 고릴라 범주에 넣는 사건이 발생하였다.

다른 한편으로, 4차 산업혁명에서 설명 가능한 인공지능XAI에 대한 연구와 개발은 중요하다. XAI는 산업과 비즈니스의 가치를 제고할 수 있다. 인공지능으로 금융 등 다양한 비즈니스 서비스를 실행하는 과정에서 예상치 못한 오류가 발생할 수 있다. 연역적 체계로서 인공지능이라면 그런 오류의 원인이나 이유를 쉽게 찾아 해결할 수도 있다. 그러나 귀납적 체계로서 기계학습 인공지능이라면 오류의 원인이나 이유를 찾는 데에 어려움이 클 수 있다. XAI는, 그런 어려움을 해소하여 인공지능에 관련된 산업과 비즈니스에 기여할 수 있을 것으로 기대된다.

DARPA는 설명 가능한 인공지능XAI의 프로젝트들에 대한 로드맵을 제시한다. 그 로드맵에는 인과 추론에 토대한 XAI도 있다. 이 장에서는 설명과 인과적 설명 모형에 대한 철학적 논의로 XAI에서 선결해야 할 문제를 주목하겠다. 다음으로, 인과에 대한 철학적 이론과 인과 모형 이론이 인과 추론에 토대한 XAI에 어떻게 기여할지를 보겠다. 먼저, DARPA의 XAI 프로젝트에 대해 좀더 살펴보자.

1. DARPA의 XAI 프로젝트에 대한 이해

DARPA가 기계학습 인공지능에서 처음에 주목한 문제는, 기계학습의 결정과 행위를 인간 사용자에게 설명할 수 없다는 것이다. 이 문제는 국방부에서 지능(정보), 기술에 대한 문제일 뿐 아니라 인간과 공생하는 시스템을 개발하는 데 중요한 도전이다. 인공지능 기술의 잠재적 문제들에 주목한 DARPA는 인공지능 시스템의 학습 모형과 결정을 최종 사용자가 이해할 수 있고 적절히 신뢰할 수 있는 인공지능 시스템을 만들고자 한다. 그 시스템이 바로 설명 가능한 인공지능 XAI다(Gunning & Aha, 2019).

DARPA는 XAI를 개발하기 위한 예비 연구를 진행하였고 세 가지 과제를 추진한다. 첫째, 다수의 설명 모형에 대한 연구이다. 그 연구를 토대로 XAI를 위한 기계학습 기술을 개발한다. 둘째, 효과적 설명을 위한 인터페이스를 설계하는 것이다. 효과적 설명을 생성하는 데에 인간과 컴퓨터의 상호작용 기술, 원리, 전략을 개발한다. 셋째, 효과적 설명을 위한 심리적 필요조건이 무엇인지를 찾는 것이다. 설명의 심리적 이론을 정리하고 확장하여 XAI에 응용한다. DARPA의 예비 연구에서 설명에 대한 과학철학의 논의와 설명의 심리학적 조건에 대해 면밀히 검토하였다는 것은 주목할 만하다. 과학철학의 논의에 대한 검토가 왜 중요한지는 잠시 후에 보겠다.

인공지능 기계학습의 수행(예를 들어, 예측의 엄밀성)과 설명 가능성 간에는 일종의 맞교환trade-off이 일어난다. 가장 높은 수준으로 수행하는 기계학습 인공지능, 예를 들어, 딥러닝은 그 기계학습 과정을 설명하기 가장 어렵다. 반면에 설명하기 가장 수월한 기계학습, 예를 들어, 의사결정 나무는 그 수행 능력이 가장 낮다. 다시 말해 기계학습이 엄밀한 예측 능력을 가졌다면 그 기계학습의 알고리즘을 설명하기 어렵다. 반면에 설명하기 쉬운 알고리즘을 가진 기계학습은 예측 능력의 엄밀성이 떨어진다(Gunning & Aha, 2019).

DARPA는 새로운 XAI 기술을 범주화하고 미래의 인공지능 실행자들에게 수행과 설명의 맞교환을 고려하여 다양한 설계를 선택하게 하였다. XAI 프로그램의 목표는 새로운 또는 기존의 것을 응용한 기계학습 기술을 설계하여 설명 가능한 모형을 생산하는 것이다. 그 모형을 효과적인 설명 기술과 결합하여, 최종 사용자가 인공지능 시스템을 이해하고 그 시스템을 신뢰하게 하여 효과적으로 운영하게 할 수 있는 것이다.

XAI의 목표는 최종 사용자이다. 따라서 인공지능 시스템의 결정이나 추천은 최종 사용자가 신뢰할 수 있는 것이어야 한다. 따라서 사용자는 시스템의 논리rationale를 이해해야 한다. 예를 들어 빅데이터 분석 시스템의 안내를 받는 지능 분석가는 그 시스템이 더 심화된 탐구를 안내하는지를 이해해야 한다. 그 시스템은 미래 임무에 그 모형을 적절히 활용하는 데에 필요하다. 마찬가지로 자율주행 자동차의 운전자는 시스템의 의사결정 모형을 이해해야 한다. 자율주행 자동차의 시스템은 사용자가 시스템 전체의 강점과 약점을 이해할 수 있게 설명해야 한다. 미래에 또는 다양한 상황에서 시스템이 어떻게 작동할지에 대한 이해를 사용자에게 전달하고, 사용자가 시스템의 오류를 교정할 수 있게 해야 한다.

XAI 프로젝트는 인공지능에 대한 조종을 위해 두 가지 과제를 제시한다. 첫째, 데이터 분석이다. 다양하게 혼재된 멀티미디어 데이터에서 관심의 대상이 되는 사건을 분류(범주화) 하는 것이다. 둘째, 자율성이다. 자율 시스템을 위한 의사결정 정책을 세우는 것이다. 이들 두 과제는 기계학습에서 가장 주도적인 역할을 하는 지도 학습, 강화 학습과 관련된다. 또한 미 국방부의 관심 영역인 지능(정보) 분석과 자율 시스템과 관련된다. 데이터 분석에 대한 과제는 일상의 문제에서 비롯되었다. 인공지능 분석가는 빅데이터 분석 알고리즘의 추천과 결정을 받는다. 인공지능 분석가는 분석을 통하여 인공지능의 판단을 뒷받침할 증거로 무엇을 보고해야 할지, 더 나아가 무엇을 계속 탐구해야 할지를 결정해야 한다. 왜냐하면 이들 알고리즘은 잘못된 경고를 자주 보고하기 때문이다. 더 나아가 이들 알고리즘은 선택을 제안할 것이다. 분석자는 그 제안이 분석자의 가설을 지지하거나 반박할 증거가 될 수 있는지를 결정해야 한다. 효과적인 설명은 그런 과제를 해결하는 데에 도움을 주어야 한다. 자율성 과제는 인공지능 파트너를 효과적으로 활용하려는 필요성에서 비롯되었다. 예를 들어 국방부는 전투기의 성능을 증진하기 위해 반semi자율 시스템을 개발한다. 조종사는 이들 시스템이 어떻게 작동하는지 이해할 필요가 있을 것이고, 따라서 미래의 임무에서 그 시스템을 어떻게, 언제 가장 잘 사용할지를 결정할 수 있다. 효과적 설명은 그런 결단을 더 잘할 수 있게 도울 것이다.

2. 설명의 모형에 대한 문제

인공지능의 설명 가능성을 개선할 기술 중 한 가지는 인과관계에 대한 학습 모형이다. 인과적 설명이 넓은 범위에서 인과 추론의 일부이지만, 설명은 논리적 추론이나 예측과는 다른 특성을 가지고 있다. 설명의 그 특성 때문에 설명의 표준 모형을 설계하는 것은 매우 어렵다. 과학철학자들은 설명의 표준 모형을 제시하는 노력을 해왔다. 그런데 그 노력은 설명의 형식화된 모형을 제시하는 것이 얼마나 어려운지를 오히려 잘 보여주었다. 3장에서 보았던 인과 추론을 위한 인과 모형 이론이 인공지능의 학습 모형 개선에 기여할 것으로 기대할 수 있다. 그런데 인과 모형 이론에 대한 기존의 논의는 인과 구조를 추론하고 인과를 예측하는 데에 주목하였다. 퍼얼은 인과 모형이 설명의 이론이 될 수 있음을 보여주지만 후속 연구가 필요하다. 인과 모형이 설명의 모형에 어떻게 응용될 수 있는지에 따라 인과 모형이 설명 가능한 인공지능에 어떻게 기여할지를 가늠할 수 있을 것이다.

저자는 이번 절에서 설명에 대한 형식화된 모형, 인과적 설명 모형을 설계하는 것이 왜 어려운지를 설명하겠다. 다음 절에서는 인과관계에 대한 학습 모형으로 설명 가능한 인공지능을 설계하는 데에 어떤 요소를 고려해야 하는지, 인과 모형 이론이 어떻게 응용되어야 하는지를 논의하겠다.

'설명'이 그렇게 단순한 개념이 아니고, 따라서 설명의 형식화된 모형이나 알고리즘을 만드는 것은 쉽지 않다. 우선, 설명을 한마디로 정의하기 쉽지 않다. 우리는 일반적으로 설명을 '이해'와 연결하여 생각한다. 설명을 해준다는 것은 설명을 듣는 사람의 이해를 높여 주는 것이다. 그런데 '이해'란 무엇인가? 이해는 심리적 상태를 가리키는 개념이다. 의식 등 심리적 상태에 대한 개념을 정확히 정의하기 어렵듯이, 이해에 대한 개념을 엄밀하게 확정하기는 어렵다. 이해가 무엇인지 쉽게 파악하는 방법은 비유를 적용하는 것이다. 예를 들어 깜깜한 방에 불을 켰을 때 우리 눈에 들어오는 방 안의 모습은 우리를 놀라게 할 것이다. 우리가 이해를 한다는 것은 그와 같은 심적 상태와 유사하다. 그러나 그 심적 상태를 엄밀한 개념으로 정의하기는 쉽지 않다. 따라서 설명이 무엇인지를 이해하는 좋은 방법은 설명을 그와 유사한 다른 개념과 비교하는 것이다(Salmon, Earman et al., 1999).

우선, 기술descriptions을 보자. 기술은 어떤 현상이나 사실을 그대로 제시하는 것이다. 예를 들어 자동차가 도로 위에 멈추어서 연기를 내뿜는 경우를 보자. 우리는 자동차가 연기를 왜 내뿜는지 물을 수 있다. 자동차가 멈추어 있고 거기서 연기가 나오는 현상을 있는 그대로 기술하는 것만으로 충분한 답이 되지는 않는다. 설명은 현상을 있는 그대로 제시하는 것 이상의 무엇을 전달해야 함을 알 수 있다.

두 번째로, 입증(확증)을 보자. 입증은 증거가 가설을 확인, 검증하는 관계이다. 예를 들어 어촌에 사는 촌부가 일몰에 붉은 노을을 보고 다음 날에 바다에 거친 폭풍이 몰아칠 것이라 예상한다. 실제로 다음 날에 거센 폭풍이 몰아쳤다. 이전에도 마찬가지로 일몰에 붉은 노을이 가득한 다음 날에는 늘 폭풍이 몰아쳤다. 전 날의 붉은 노을은 그 다음 날에 폭풍이 온다는 가설을 강하게 입증한다. 다시 말해 붉은 노을은 그 다음 날 폭풍이 오는 가설을 입증하는 강한 증거가 된다. 증거와 가설의 입증 관계가 설명이 될 수 있는지 보자. 우리는 그 촌부에게 거친 폭풍이 왜 일어나는지 물을 수 있다. 그는 그 전날의 붉은 노을 때문에 폭풍이 발생하였다고 주장한다. 그러나 우리는 왜 붉은 노을 때문에 폭풍이 발생하는지 다시 물을 수 있다. 붉은 노을이 그 다음 날 폭풍이 발생할 것이라는 우리의 믿음을 뒷받침하는 증거가 되지만, 그 관계가 설명으로는 충분한 것 같지 않다. 따라서 설명은 입증 이상의 무엇인가를 필요로 하는 것으로 보인다.

설명이 기술이나 입증과 다른 것은 이미 앞서 보았듯이 '왜'라는 질문에 대한 답을 줄 수 있는지에 달려 있다. 특별히 과학적 설명은 '왜'라는 질문에 답을 주는 것이라 볼 수 있다. 그런데 왜라는 질문에 대해 답을 하는 것만이 설명은 아니다. 다른 설명도 있다. 예를 들어 골프 스윙을 하는 방법으로 '어떻게'라는 질문을 한다면 그 질문의 답도 설명이 된다. 또한 예술 작품이 보여주는 형태에 대해 그것이 '무엇인가'라는 질문이 가능한데 그 질문의 답도 설명이 된다. 그러나 과학의 영역에 초점을 두고 설명에 대한 개념을 찾는다면, 어떤 현상의 이유나 원인에 대해 묻는 '왜'라는 질문에 답하는 것이 과학적 설명에 부합하는 경우로 볼 수 있다.

헴펠C. G. Hempel은 과학의 설명 모형을 개발하는 데에 가장 중요한 과학철학자이다. 헴펠은 설명의 모형을 설정하는 두 가지 구성 요소를 제시한다(Hempel, 1965). 논증과 자연 법칙이다. 설명되는 것은 설명하는 것의 (연역) 논리적 도출이다. 설명하는 것(설명항)은 논증의 전제, 설명되는 것(피설명항)은 논증의 결론이 된다. 그리고 논증의 전제는 자연(보편, 일반) 법칙을 포함하고 있어야 한다. 예를 들어 김연아 선수가 스케이팅의 마지막 스핀 단계에서 손을 몸 쪽으로 왜 모으는지를 물을 수 있다. 그 질문은 김연아 선수의 동작에 대한 설명을 요구하는 것이다. 헴펠의 설명 모형에 따르면 논증의 전제로서 설명항에는 물리학의 각 운동량의 법칙이 위치하고, 스핀 단계에서 스핀의 속도를 가속하기 위하여 손을 몸 쪽으로 모은다는 진술이 위치한다. 이들 설명항으로부터 김연아 선수가 스케이팅의 마지막 스핀 단계에서 손을 몸 쪽으로 모은다는 피설명항이 논리적으로 따라 나오는 것이다. 이처럼 논리적으로 도출되기에 설명항은 피설명항을 설명하는 것이고, 왜라는 질문에 대한 답을 하는 것이다. 논리적 도출은 연역 논리적 도출인데, 논증의 전제들이 모두 참이라고 가정할 때 결론이 반드시 참이 되는 경우이다. 그 경우에 논증은 타당하다고 말한다.

헴펠의 설명 모형을 정리하여 보자. 헴펠은 논증의 구조를 설명의 구조로 보았다. 논증의 전제는 설명하는 설명항으로, 보편(일반) 법칙을 반드시 포함해야 하고, 논증의 결론은 설명되는 피설명항이다. 설명항은 참인 문장들이고, 그 경우에